本当の人生

人生後半は思い通りに生きる

和田秀樹
Wada Hideki

PHP新書

プロローグ 第二の人生でなく、本当の人生を生きる

本当の自分に戻って生きたいように生きる

第二の人生という言葉が使われて久しいわけですが、人々の長寿化が進むにつれて、第一とか第二とか言っていられないという声が強まっている気がします。

確かに、第一の人生が社会人人生だとすると、大学を出た人の場合、40年くらいということになるのでしょうが、定年後の第二の人生は30年近くあります。そして30年というと、二人くらいの子育てが終わり、就職後を見守るくらいの長さです。

だから、**第二の人生と考えないで、本気で仕事や打ち込める趣味を探しましょう。**

そうでないと「隠居」の時期が長すぎると言われるようになりました。

定年後のイメージも日本では悪すぎる気がします。

日本では、定年というと一般的に会社を追い出される年齢と思われているようです。

実際、60歳定年はいけないという考え方のもとに（もちろん年金受給を後ろに倒すとか、労働力不足の解消の意図もあるのでしょうが）、高年齢者雇用安定法は、２０１３年と２０２１年の２度改正され、希望者に対して２０１３年には65歳までの雇用機会を確保するか、定年制を廃止することが努力義務とされ、２０２１年には、70歳までの雇用機会を確保するか、定年制を廃止することが努力義務とされました。

もちろん、長く働けることは、私のように老年医学を専門とする者にとっては朗報です。

働き続けることが、身体や脳の老化を遅らせ、寿命を延ばす効果があると考えられるからです。

しかしながら、いっぽうで同じような人間関係のしがらみが続き、人目や周囲の意向に気を使い続けるというデメリットもあります。

定年制度を世界に先駆けて導入したのは、ドイツの鉄血宰相と呼ばれるビスマルクが１８８９年に強制加入年金をつくったときで、このときは退職年齢は70歳とされています。

年金とセットで退職年齢を決めるというのは、年金が支払われるようになれば、もう労働から解放されるという意味です。その後、1916年にドイツの定年は65歳に引き下げられたのですが、これは歓喜の声で迎えられました。それだけ早く労働から解放されるということですから。

今でも、**ヨーロッパでは、定年は年金がもらえるようになり、労働から解放される歳**という考え方が根付いています。

2023年に、フランスで受給開始年齢を62歳から64歳に引き上げる政府の年金制度改革を政府が打ち出したときに、激しいデモが起こったのはそういう背景があるからです。

さて、このときのデモに参加した人のインタビューが「東京新聞」に載っていました。

44歳の女性教師の父親が定年退職後、生気を失ったようになったそうです。日本なら働き続けていたら元気でいられると考える人が多いのでしょうが、彼女は、「教職は好きだが、児童と真剣に向き合う日々を60代半ばまで続けたら、父のように何もできなくなる」。老後は趣味の絵画を楽しむつもりだとありました。

もともと英語でも労働を意味するlabourとかlaborという言葉は、苦役とかつらい仕事という意味合いを持っているものです。分娩にもこの言葉が使われますが、これもやはり苦しさを意味するところからきているものです。

要するに、**定年というのは苦役から解放されて、自分の望み通りの、思いのままの老後を送るという節目を意味するもの**なのです。

本書も、第二の人生とは言わず、これから本当の自分に戻って、生きたいように生きようという、長年、高齢者を専門としてきた立場から提言するものです。

私が老年精神医学、老年医療を専門にするようになって35年になりますが、もともとの研究分野は精神分析学で、それを学ぶためアメリカに2年半留学しました。

ウィニコットの「本当の自己」と「偽りの自己」

精神分析というと、『夢判断』でおなじみのフロイトという人がつくったという印象が強いかもしれませんが、フロイトが大勢の弟子を育て、フロイトの死後も精神分析が学問として発達したため、ものすごく多くの理論家がさまざまな理論を展開しており、現在では、フロイトが提唱したオリジナルのものと、かなり違った理論もたくさんあります。

私は、どれが正しくて、どれが間違っているというつもりはありませんが、その中で、治療者として名医（フロイトも含め、理論家としてはすごくても、治療の実績がよくない人はたくさんいます）であり、その理論が私の肌感覚に合う人の一人に、ドナルド・ウッズ・ウィニコットという人がいます。彼は小児科の名医として知られ、多くの子どもの心の病を治し、また、子どもたちやその母親を観察する中で、実践的な理論を編み出したことで知られています。

日本では、フォーク・シンガーや作詞家として活躍した後、精神分析の世界で重鎮になり、九州大学の教授も務められた北山修《きたやまおさむ》先生が、その研究者として知られ、ウィニコットの多くの本を翻訳されています。

このウィニコットの有名な理論に、**「本当の自己 True Self」**と**「偽りの自己 False Self」**というものがあります。

「本当の自己」というのは、赤ちゃんが生まれたときから体験する、生きているという感覚で、自分が好きなように生きているという体験世界のことを指すものです。ある意味、とてもわがままで、外から見て不可解な感覚なのですが、そのわがままを母親が十分満たしてあげることで、存在し続けることができる脆《もろ》いものでもあります。

そして、なかなかそうはいかない体験をすることで、周囲の環境に迎合し、適応するために「偽りの自己」というものがつくられていきます。

ウィニコットに言わせると、ずっと本当の自己でいられるのは理想的なのですが、「偽りの自己」を発達させることそのものは悪いことでないのです。

ただ、あまりに周りに合わせすぎて、本当の自分を見失った状態は心の健康に悪いと考えました。

いずれにせよ、家庭生活でしつけを受け、学校生活で教育を受け、就職してからも会社に合わせて生きているようだと、「偽りの自己」として生きることが生活の大部分になってしまいます。

会社人間と言われる人が多く、同調圧力が強い日本ではとくにそうでしょう。

休暇や趣味を通じて、自分を解放したり、あるいは、飲み屋で本音を発露して、それを同僚に受け入れてもらう形で、「本当の自己」になれる時間を持たないとメンタルヘルスに悪いということは、納得してくださる方が多いと信じています。

それなりに社会適応ができたり、社会で成功しても、なんか疲れる、なにかしらインチキしているような気がするとか、こんなに周りに合わせ、気を使っているつもりなのに、思うように評価されず、自分はなんのために生きているのかと疑問を感じる人もいるでしょう。

会社や社会に適応しようとしまいと、それまでの肩書や社会的地位が清算されるのが定年後、と言えるのではないでしょうか？

つまり、これまでの「偽りの自己」は通用しなくなるのです。

そこで、新しい就職先（これも、いつかはやめないといけませんが）や趣味のサークル、ボランティア活動などで、やはり周囲に適応して、周りに受け入れてもらうために、新しい「偽りの自己」をつくるのか、それとも、もう「偽りの自己」は卒業して、自分の生きたいように生き、それでも自分を受け入れてくれる気の合う人だけとつきあって「本当の自己」で生きるのか、ということが重大な選択になってきます。

家族との関係にしても、家に帰れば、どんな本音も受け入れてもらえるし、鼻くそをほじっていても許されるし、とても楽だという人、つまり、会社やママ友とのつきあいは、「偽りの自己」かもしれないけれど、家では、「本当の自己」でいられるという人は、それでいいと思います。

しかし、家に帰っても、配偶者の顔色を見て、自分を殺さないといけないという人もいるでしょう。

定年後は、家族、とくに配偶者と、顔を突き合わせて暮らす時間が長くなります。家でも「本当の自己」になれない人の場合は、一度、夫婦関係の見直しが必要かもしれません。

「もう会社もやめたし、子どももも家を出て行ったんだから、残りの人生はお互いに干渉しないようにしよう」とか、実際に別居してみるとか、場合によっては、熟年離婚して、お互い本当の自分でいられる新しいパートナーを探すとか、そういうアクションが必要になるのではないでしょうか？

定年後は、収入も減り、人づきあいも減り、社会的地位を失う人が多いわけですが、逆に、子どもの教育や家のローンも終わり、年金も入ってくるので、収入のためではなく、自分のために働けるし、本当の自分でいられない相手と無理につきあう必要がなくなるし、地位を保つために、あるいはさらなる地位を求めて、いろいろな人に気を使ったり迎合する必要がなくなります。

だからこそ、「本当の自己」でいることが（ウィニコットが言うように、「本当の自己」というのは理想形なので、なるべくそうしようと思っても、完全に「本当の自己」になり、「偽りの自己」をまったく使わないことは不可能に近いことですが）、それまでよりはるかに難しくなくなる、いわゆる第二の人生こそ「本当の自己」でいたらどうでしょうか。

それによって、「第二の人生」が、「本当の人生」になるのです。

そのほうが、今後のメンタルヘルスにもいいでしょうし（歳をとると意外にうつ病になりやすいのです）、これからの人生が、あるいは最期のときに、幸せを感じられると私は信じています。

本当の人生——人生後半は思い通りに生きる

目次

プロローグ 第二の人生でなく、本当の人生を生きる

第1章 本当の自分はどちらですか？
――「本当の自己」と「偽りの自己」

第2章　今こそ、本当の自分探しを始めよう

第3章 疲れる人づきあいはやめていい

第4章 自分の声に従う生き方

第5章 今、この瞬間を大事に生きる

第6章 本当の人生を生きた人たち

第1章

本当の自分はどちらですか？

――「本当の自己」と「偽りの自己」

定年後や老後にこそやってくる「本当の人生」

プロローグでもお話ししましたが、私が「第二の人生」を「本当の人生」にしようというのは、ウィニコットの「本当の自己」「偽りの自己」という理論から着想したものです。

ウィニコットの考える赤ん坊の世界は、まさに理想郷のような世界で、自分は万能だと思い込んでいます。

母親が与えるオッパイにしても、母親のものではなく、自分がつくり出したものと思っています。

自分が世界の支配者なのです。

このうぬぼれは、自分がオッパイを欲しいと思えば、必ず母親がオッパイを差し出してくれるから生じるのですが、だんだん、母親もすべての自分の時間を赤ん坊に捧げるわけにいかなくなってきます。

欲しいときにオッパイがこないことで、赤ん坊のほうは、自分が好きにオッパイをつくれるわけではないことがわかってきます。

自分が世界の支配者であるかのような万能感が錯覚とすれば、現実を知り母親からオッパイをもらっているという現実を受け止め、オッパイを要求したり、母親になつくようになるのは脱錯覚だとウィニコットは考えました。

世の中が自分の思い通りに動いているという錯覚から目覚めることは、赤ん坊の成長の重要なステップであるわけです。

世界が自分の思い通りになると思っている頃には、わがまま放題で、自分の好きなように生きるのが当たり前です。泣きたいときに泣き、楽しければ笑い、食べたいときに食べ、好き放題におもらしもできるのです。

そんな時代の赤ん坊たちは、まさに「本当の自己」のまま生きているとウィニコットは考えたのでしょう。

しかし、そんな万能的な世界は、自分の錯覚で、本当はママに生かしてもらっているのだという現実を突きつけられると、本当の自分のわがままを少しずつがまんして、ママに喜んでもらえるような自分になる必要が生じてきます。

それが「偽りの自己」というわけです。

そのうち、保育園や幼稚園、小学校に行くにつれ、教師の言うことを聞いたり、いろいろなことをがまんするしつけを受けたり、周りの友達に嫌われないようにふるまうことを覚えていきます。

そうするうちに、「偽りの自己」が本当の自分なのだと思う人も出てくるでしょう。秀才で、みんなに好かれる自分こそが、本当の自分であって、ときどき怠《なま》けたいとか遊びたい、悪さをしたいとか、Hなことをしたいと思う自分は、自分の中のいけない自分なのだと思うこともあるでしょう。そんな自分を許していては、人間のクズになってしまうと思ってしまうかもしれません。

たまたま、学校の勉強ができたり、クラスの人気者になったりした場合、そんな自分がますます本当の自分であるような気がするでしょう。ときどき、遊びたいとか、羽目《はめ》をはずしたいとか、言いたいことを言いたくなるとかしたときに、それを「本当の自己」と思えず、邪心のように思ってしまうのです。

精神医学の世界で、心に悪く、うつ病になりやすい思考パターンとして「かくあるべし思考」というものがありますが、これは、周囲の価値観や道徳教育で身に付けた「かくあるべし」という理想像を、自分や他人におしつける思考パターンです。本人は、それを自分の信念だと思っているわけですが、「偽りの自己」が本当の自分だと思い込んでいるとも言えるものです。

もちろん、たまたま能力的に優秀な人であれば、社会人としても、親としても、「かくあるべし」通りに生きることができて、それに自負や自信を持ったり、高い社会的地位を得たりすることもあるのでしょうが、歳をとり、能力が落ちてくると、自分の「かくあるべし」に能力がついてこられなくなって、自分を責めたり苦しんだりします。肩書のある自分こそが本当の自分だと思っていると、それを失うことで、ものすごく落ち込むかもしれません。

ウィニコットは、「偽りの自己」が病的状態だと言っているわけではありません。「偽りの自己」と「本当の自己」の区別がつかなくなったり、「本当の自己」がまったく出せなくなっている状態が心に悪いと言っているだけで、この手の社会適応的な自己がないと世の中生きていけないのも事実です。

私が申し上げたいのは、社会人としてとか、親としてとか、そういう社会適応的な自分が本当の自分であるとは限らない、実は、「偽りの自己」かもしれないということを認識してほしいということと、ときには本当の自己を出さないとメンタルがもた

ないことが多いということです。少なくとも精神分析の世界ではそう考えられていま
す。
その意味で、定年によって社会人人生が終わるとか、子どもが一人立ちして離れて
いき、親としての役割を終えるなどの、定年後や老後と言われる時期は、本当の自分
に戻るチャンスと言えます。
少なくとも人の顔色を窺《うかが》って、会社の方針に合わせないといけないとか、子どもに
自分のいろいろな欲望をみられることを恐れて立派な父親、母親を装う必要が通常な
くなります。
ウィニコットは、子どもは万能的でわがままで欲望丸出しの「本当の自己」から、
「偽りの自己」を身に付けることは（ただし、それに支配されないことは）、子どもの重
要な心理的発達と考えたわけですが、私は、「偽りの自己」で生きる必要がなくなっ
た（完全になくなるわけではないでしょうが）**定年後、老後こそ、「本当の自己」で生
きる「本当の人生」が始められる**のだと信じています。

自我を鍛えて真面目に生きるのは精神医学的には古い

さて、ウィニコットはフロイトの直接の弟子ではありませんが、比較的初期の精神分析学者なので、精神分析の開祖と言えるフロイトの影響はかなり受けていると考えられます。

実際、この「偽りの自己」という考え方は、フロイトの構造論という理論をベースにしていると考えられます。

理屈っぽい話なので、飛ばしてもらってもいいのですが、可能なら少しおつきあいいただけると嬉しいです。

私がアメリカのカール・メニンガー精神医学校に留学して、一番衝撃を受けたことの一つは、フロイトは『精神分析入門』で想定していた理論の根幹を捨て、大きなモデルチェンジをしたと教わったことです。

このモデルチェンジ前までは、無意識という自分の意識できない心理領域を、意識の世界に引っ張り出すことが治療の基本で、人間には、意識、前意識、無意識の三つの心理領域があるというのがフロイトの基本的な考え方でした。

ところが、フロイトは1923年に『自我とエス』〈注〉エス：欲望のエネルギー）という論文を発表するのですが、事実上、この考え方と決別し、まったく新しい理論体系を提唱します。

人間の心には、自我とエスと超自我の三つの要素があり、自我をしっかりさせて、エスや超自我に負けないようにするというのが治療の目的なのだと公言したのです。

フロイトの次の演者がびっくりして、発表する論文を落としてしまったくらいの衝撃的な内容だったと伝えられています。

しかしながら、この構造論は精神分析を哲学的なものから、科学的、治療的なものに変えたという風に、とくにアメリカの精神分析学者たちに高い評価を受け、自我心理学と名を変えて発達していきます。これは、少なくともアメリカでは精神分析学の主流派（フロイトが亡くなってから、精神分析学はものすごい分派がありました）となり、さらにアメリカでは、まだ薬物療法がほとんどなかったこともあって、最も科学的な精神医学と考えられたため、アメリカの医科大学精神科の教授の大部分が、この自我心理学的な精神分析の学者で占められるようになりました。

私が留学した90年代前半でも、その空気は残っていて、自我を発達させ、幼稚な欲望であるエスをコントロールできるのが人間の発達なのだという考え方が、一般の人も含めて浸透していた気がします。

フロイトの構造論とその発展型である自我心理学の概略を、改めて説明させていただきます（ただし、超自我については、話が長くなるので省略します）。

人間には、もともと自我なる心のコントロールセンターのようなものは存在せず、エスという欲望のエネルギーの世界で生きています。フロイトの考えでは、６歳くらいになってから現れるのですが、その後は、生まれた頃からその原型はあると考えられるようになる自我が成長と共に発展していき、それによって、エスを制御できるようになる、というのが人間の心理発達の基本形です。

この１９２３年の精神分析のモデルチェンジ宣言と言える『自我とエス』という論文に「エスのあったところに、自我をあらしめよ　Wo Es war, soll Ich werden」という名言があります。

人間というのは、欲望のエネルギーに支配されている場を、理性のコントロールセンターとも言える自我に置き換えていくことが、心の成長なのだという考え方です。

ここでお気づきになった方がいるかもしれませんが、**フロイトは幼児的な欲望は克服しないといけないとし、理性的、社会適応的な自我がなるべく心の大部分を占めるようにしないといけないと考えたのに対して、ウィニコットは、幼児的な欲望こそが「本当の自己」であって、社会適応的な自分は、「偽りの自己」と考え、「偽りの自己」そのものは悪くないけれど、それを自分だと思ってはいけないし、ときには本当の自己を出さないといけないと考えた**ということです。そして、アメリカ（ウィニコットはイギリス人です）では、この自我心理学的な考え方が、精神医学の世界だけでなく、子育ての世界でも主流となったのです。

私は長年の精神科医としての経験から、ウィニコットの考え方のほうが納得できます。

ただ、そうでなくても道徳とか修身とかの形で自分を律する儒教精神が強いうえ、ムラ社会で同調圧力が強い日本が、アメリカ流の自我心理学の影響を受けると、さらに欲望というのは抑え込まないといけないということになってしまいます。

アメリカの精神分析学の世界でも、フロイトの自我をしっかりさせて人間は自立しないといけないという考え方は否定され、人に素直に頼っていいのだというコフート

（自己心理学という独自の理論の提唱者。自己肯定感や心理的相互依存の重要性を指摘）**などの理論が支持されています。**

少なくとも、「本当の自己」を持つこと、エスと言われるものを許容することは、悪いことではありません。

日本人は、偉い人の言うことをなんでも正しいと思いがちで、たとえばノーベル賞を取った人の言うことはすべて受け入れるというところがあります。評判の悪いゆとり教育もノーベル賞学者が先導者だったのです。研究者としては超一流でも、教育の実績がない人に国の教育のトップを任せることは、イチローにサッカー日本代表の監督をやらせるようなものです。

また、学問の世界では、理論は塗り替えられます。

精神分析の世界で、今はフロイト理論より、ウィニコットやコフートの理論が支持されるように、マーガリンが身体によいと信じられていたのが、悪いものと断罪され、最近になって再評価されるように、**自我を鍛えて真面目《まじめ》一筋に生きるというのは、少なくとも精神科医から見て古い考え方です。**

それを知ってほしくて、クソ難しい精神分析の理論につきあってもらいました。

ここからは、もう少し、現実的に「本当の自己」で生きることを考えてみたいと思います。

居酒屋文化衰退で「本当の自己」が出せなくなっている

話をもとに戻すと、ウィニコットの考え方では生まれたばかりの頃は、「本当の自己」として生きるし、フロイトの考え方でも、赤ん坊の頃は、本能の欲望のエネルギーのエスだけの世界に生きています。

「本当の自己」とか、エスというものは忌《い》み嫌われるものではなく、誰にでもあるし、もともとの自分の姿なのです。

ついでに言うと、エスを自我に変えろというフロイトの理論でも、エスは人間のエネルギー源だともしています。

さて、昨今の国際的な情勢、とくに日本の情勢を見ていると、「本当の自己」やエスから生じる欲望を上手に抑えないと生きていくのが難しい気がします。

時代が変化して、もっと自由に欲望が発散されるべきと思われた時期もありました。ヒッピーブームやフリーセックスなどと言われて、アメリカでも日本でも若者の間で、自由という方向性が高まったことは確かにありました。しかし、日本では、昔はちょっとオッパイが見えただけで成人映画の扱いを受け、ヘアヌードも厳禁となった頃もあり、欧米のように緩やかになっていった時期もありました。

しかし、昨今の日本を見ていると、むしろ自由に生きる、欲望のままに生きるというのが難しくなっている気がします。

芸能人のスキャンダルはコテンパンに叩《たた》かれ、職をものの見事に奪われます。もちろん、犯罪的なことは許されませんが、家庭内の問題のはずなのに、世間が許さないという形になっています。

差別が許されないのは、もちろんのことですが（ただし、精神科医の立場からすると腹の中で思うのは、「ぶっ殺してやりたい」と思うのと同じで、差別的な考えを持っても自由です）、言いたいことが言えず、たとえば、テレビどころかインターネットでの発言でも、「世間が」「ネット民が」許さなければ、炎上します。それで自殺する人まで出ています（その割には、高齢者差別はなぜか許され、「高齢者は集団自決せよ」とテレビで堂々と話す人は長い間、干《ほ》されませんでしたが）。

会社でもコンプライアンスというものが厳しくなり、ちょっと厳しく部下にあたるとパワハラと言われ、エッチな冗談をいうとセクハラと言われるので、びくびくしている人が多いと聞きます。

小学生の子どもでさえ、いじめをなくす掛け声のもとに、友達をニックネームで呼ぶことも禁止になったりしているようです。また、今のいじめは仲間はずれにするというタイプのものが多いようで、本音を言って仲間はずれにされるくらいなら、みんなに合わせておくというパターンが増えているようです。

そういうことが子ども時代から社会人時代にかけて刷り込まれ、世間に合わせたり、嫌われてはいけないのだという考え方をひきずると、一生「偽りの自己」として生きていき、かなり息苦しいものとなりそうです。

さて、日本では、居酒屋で「本当の自己」をさらけ出す文化がありました。

新橋のガード下の居酒屋のようなところで、会社が終わった後、身内と思われる同僚と、思い切り上司の悪口や会社への愚痴などをぶちまけて、うさを晴らし、ストレスを解消したわけです。その飲み会に女性がいなければ、セクハラのような発言もできるし、部下がいないところでは、パワハラのような部下への怒りもぶちまけられます。

これは束《つか》の間でも「本当の自己」に戻っていると考えていいでしょう。会社にいるときの自分が「偽りの自己」であることを自覚できることも、「本当の自己」に戻ることも、ウィニコットの考え方では、メンタルヘルスにとてもいいことです。私もこれが日本人のメンタルヘルスを守ってきたと考えています。

アメリカでは、経営者やセレブリティ、エグゼクティブの多くがかかりつけの精神科医を持っているという話を聞いたことがあるかと思います（なくてもいいのですが）。

フロイトが始めた精神分析では、とくにフロイト学派と言われる自我心理学では、最終的に自我がしっかりして、欲望や不安をコントロールできることを目標にするのですが、治療の過程では、患者は心に浮かんだことを、どんなに凶悪なことでも、どんなにわいせつなことでも包み隠さず治療者に伝えることがルールになっています。

これは精神分析のどの学派でも原則になっているのですが、これが「本当の自己」に帰る重要な時間なのかもしれません。

アメリカという国はとくに差別に厳しい国で、仮に会社の経営者であっても、うっかり人種差別的な発言をしたら地位を失いかねません。また、日本のように親友と飲み屋で本音を吐露《とろ》するという文化もほぼありません（ラテン系の人はそういうことをする人もいるようですが）。家に帰って本音を吐ける人はいいのですが、たとえば、成功者になって奥さんには家にいて自分のために料理をつくってほしいと思っても、うかつにそんなことを言ったら、女性差別だとか女性蔑視とみなされて、離婚を突き付けられ、せっかくつくった財産の半分をもっていかれるようなことが現実にあります。

だから、精神分析的治療の場が、唯一の自分の本音、本性を吐き出せる場、つまり「本当の自己」でいられる場だったりするのです。

さて、この日本の居酒屋文化は衰退傾向にあり、仕事が終わって飲み明かすというようなことが徐々に減ってきたようです。とくに若い人たちがそれを避ける傾向にあるとされています。そして、それに追い打ちをかけるようにコロナ禍《か》は、その手の店に大打撃を与え、職場の同僚と飲み明かすという習慣を多くの人から奪ったようです。

もちろん、配偶者と気が合ってなんでも話ができる関係ならいいのですが、私が聞く限り（夫婦関係がうまくいっていない人の話を聞く機会が多いせいかもしれませんが）、アメリカほどでないにせよ、配偶者に「本当の自己」を出せない人は少なくないようです。

ということで、社会人である間は、「本当の自己」を出すことは難しいし、その傾向が日本では強まっているように、精神科医である私には見えて仕方ないのです。

フィギュア好きでもバンド好きでも、自分が楽しければ「本当の自己」

ということで、現代社会、現代日本は、「本当の自己」でいることが難しくなっているわけですが、**定年とか、子育ての卒業とかで、社会適応的に生きていくことから解放されるというのは、「本当の自己」に戻るチャンスと言えるのではないでしょうか？　これを本当の人生と考えようというのが本書の趣旨**です。

ここで考えないといけないのは、本当の自己というのはすべて欲望のままに生きるということを意味しているわけではないということです。

赤ん坊や幼児と高齢者の違いというと、小さな子どもは法律を守らなくても罪になりませんが、高齢者の場合、重症の認知症で責任能力がないという話にならない限り、法律は守らないといけません。

ということで、もちろんのことですが、欲望のままに性犯罪が許されるわけではありません。

でも、たとえば、会社で言えばセクハラととられかねない下ネタのジョークでも、友達の間なら、その中に女性がいても通常は言うことはできるようになるでしょう。

ご本人が下ネタが嫌いなら、それを偽りだと言うつもりはありません。

ただ、昔は許されたのにと不満な人なら、堂々と言うことで楽しめれば、「本当の自己」に戻れているのでしょう。

男女問わず、下ネタが嫌いな人はいるでしょうから、嫌がられたりバカにされたりするかもしれません。でも、受け入れてくれたり、一緒になってはしゃいでくれる人もいるでしょう。

つまり、下ネタが好きな人の場合、本当の人生においては、自分が「本当の自己」をさらけ出したときに、それを嫌がる人やバカにする人とわざわざつきあう必要がないし、本当の自己を受け入れてくれる、一緒に楽しめる人とつきあえばいいということを言いたいのです。

これは、もちろん下ネタに限ったことではなく、思い切りバイクでぶっ飛ばしたいとか（これも法律の限界はありますが）、思い切りパンクな格好をして、バンドで好き放題歌いたいとか、鉄道写真を撮るための旅に出るとか、フィギュアの大人買いをするとか、自分が本当はやりたかったのに、人に見られるとか、人に知られるとまずいと思って会社にいる頃はずっと封印していた「本当の自己」に戻って、好きにできる。社会適応的であることを要求されなくなれば、それらができるということをわかってほしいのです。

それでも、抵抗がある人はたくさんいるかもしれません。

「試す」「実験する」という姿勢を身に付ける

一つ、歳をとったら身に付けてほしい姿勢に、「試す」「実験する」ということがあります。

日本という国は、失敗に不寛容な国ですし、子どもの頃からなるべく失敗しないような教育を受けてきたので、それが難しい人は少なくないでしょう。理科の実験でも、確かに実験室で、ビーカーやスポイトなどの実験器具は使うのですが、初めから〇〇を何cc、××を何ccと入れる量が決まっていて、失敗しないように実験を進めていくということが多かったのではないでしょうか。失敗して、ガラスが割れて怪我《けが》をして、これではダメだと実験を組みなおすという経験は、一部の理系の大学を出た人しかしていない気がします。

政治家も政策を実験と思って思い切ったことができないから、大きな失政はない代わりに30年以上も経済成長がない状態が続いています。

会社時代も、これは実験だとか、「やってみなはれ」という感じで、失敗するかもしれないけど思い切ってやった経験は、ない人のほうが多いことでしょう。子育てにしても、無難に名門塾へ子どもを入れることはあっても、試しに小学生に中学校の勉強をやらせてみようなどという発想の親は少ないようです。

自分がド派手な格好をしたり、いきなりロックを始めても、それでバカにされたり、嫌がられたりするかどうかはやってみないとわかりません。

好きな格好をしたり、いい歳をしてシャウトしてみたら、「若返ったね」とか「おじいちゃん、かっこいい」と孫に言われたりするかもしれません。

ただ、「本当の自己」という点で考えるとすれば、それで自分がどれだけスッキリするかとか、気分がいいかのほうが大切です。

人の評価より、自分が気分よく生きることが、「本当の自己」の本質なのです。

ということで、「本当の自己」に戻る、本当の人生が始まったら、その願望ややりたいことが、たとえスケベなものであっても、攻撃的なものであっても、法律に触れない範囲で非道徳的なものであっても、そんな自分を受け入れることが大切です。

ただ、私自身がスケベなところがあり、また精神分析的な考え方の影響を受け、さらに老年医学の立場から男性ホルモンの大切さ、とくに歳をとった男性にとっての若返り効果を十分承知しているから、多少、スケベと世間で言われるようなことでも、自分が楽しめたり、気分がよかったら、それをすることで「本当の自己」になれるということを言ってきただけで、そういうことには興味がない人がいることも確かです。

俳句をつくったり、油絵を描いたり、哲学書を読んだり、歴史探訪をすることで、すごく楽しみを感じ、幸せを覚える人もいるでしょう。そんなのは、本能を偽っているだけだとか、他人の評価から逃れられないだけだ、まさに「偽りの自己」だと指弾するつもりはありません。

そうではなく、エロ動画を鑑賞したり、フーゾクに行ったり、キャバクラで若い女の子とおしゃべりをするのが無上の楽しみの人もいるし、俳句や油絵やクラシックが、いちばん自分にとって至福のときの人もいる。だけれども、どっちが上で、どっちが下だという価値観は捨てましょうと言いたいのです。世間が下品と言おうが、高尚と言おうが、自分が楽しく、満足できればそれでいいというのが「本当の自己」です。

そして、社会適応が基本的に必要でなくなる、いわゆる「第二の人生」と言われる時期は、自分が本当に楽しく、気分よく、満足できる、「本当の自己」でいる時期、つまり、「本当の人生」にしましょうと私は提言したいのです。

定年後の仕事は元の職業にこだわらずに自分で決める

ということで、社会生活から解放された後の、「本当の人生」とか、自分が生きたいように生きる「本当の自己」というのは、他人の評価や人目を気にせず、自分が決める自己決定的なものだと私は考えています。

これまでの人生であまり自己決定をしてこなかった人は、今の高齢者には少なくないかもしれません。

志望校も親や教師に決められ、就職先もゼミの先生や親の希望に合わせ、結婚も見合い（もちろん、お見合いでも選ぶ作業がありますから、自己決定はしているのでしょうが）というような形で、人生の重要な局面で自己決定してこなかったというケースが珍しくないのです。職場が嫌だった際に転職したという人も、今の70代には、そんなに多くないようです。

しかし、仕事人生に近いくらいの長さの「本当の人生」が待っているわけですから、今度はしっかりと自己決定したいものです。

進学や就職の際は、世間体を気にしていたのかもしれませんが、今度は人目の奴隷にならずに、自己決定する、という点で、前述のように下品か高尚かで生き方や趣味を選ぶことはないし、働くにしても、見栄を張る必要はないでしょう。

たとえば、慢性的に人手不足の介護の仕事も、もともと会社の部長だった人がやるのは抵抗があるかもしれませんが、自分の身体を動かし、高齢者から感謝の言葉をもらえるようになると、意外にこっちが天職かもと思えるかもしれません。

運転が好きならタクシードライバーという手もあるかもしれません。

今はアプリ専用のドライバーも募集しているし、ライドシェアも解禁されて、ハードルが大幅に下がりました。

元の職業が世間から立派だと言われていた人の場合、家族の反対なども大きいかもしれませんが、どうせなら、自己決定して、やってみたい職業を選ぶということが、本当の自己実現になるように思います。

もちろん、職業選びの場合、体力的にも先々衰えていくし、脳の老化などがからんで、ふたたび引退ということも考えに入れないといけないのは事実です。

本当の人生は一貫したものである必要はない

ただ、私が考える本当の人生というのは、社会人であった時期と違って、**一貫したものでなければいけないと考えるのは賢明ではないということです。**

そのときそのときの気分や体力などに応じて変えていけることができることも、「本当の人生」の特色と言えるものです。「いったん、この仕事についた以上はやり遂げないといけない」「この趣味は人生最後のもので一生ものだ」というような、一切の「かくあるべし思考」を捨てて、**自分の気分通りに生きるのが、本当の人生**なのではないでしょうか？

　体力が落ちてきたとか、興味が変わったとか、性欲が落ちてきたとか、**そのときそのときの状況に応じて、変えていいし、むしろ変わって当たり前なのが、「本当の自己」なのだと思います。**

　もともと、子どもの頃のように純真で、やんちゃで、人の意向に無《む》頓《とん》着《ちゃく》で、生きたいように生きるのが「本当の自己」なのですから、**気の向くまま、風の向くままというのが自然です。**

　何か一生打ち込めるものに出合って、人生の後半はその道一筋ということもあり得ます。

　ただ、そういう人が立派で、**フラフラといろいろ寄り道のようなことをするのは、ダメな人間なのだとは思わないでほしい**のです。

世俗の価値観を離れ、「かくあるべし」を捨て、人と比べない（勝ち負けで考えない）のが「本当の自己」というものです。

私も発達障害の気《け》があって、自閉症スペクトラム障害でＫＹ（空気が読めない）、人の気持ちがわからないというのが、精神科の医者をやるうちにかなりましになった気がするのですが、注意欠陥多動性障害的な部分は、あまりよくなっていないようで、片付けられないし、いろいろなことに60歳を過ぎても気が散ってしまいます。

先ほど、スケベでもいいと言いましたし、確かにスケベも治らないのですが、いっぽうで意外に難しい心理学とか精神分析学とか、学問的なことも大好きです。いろいろな職業を同時並行的にやったり、いろいろなことにチャレンジしたり、たくさん本を書いたりするので、ほめてくださる方もいるのですが、実は、これは私が注意欠陥多動性障害のまま生きているから、そうなっているだけで、病的なことでもあると思っています。

実は、私は37歳のときに常勤の医師を辞め、セミリタイアならぬセミ「本当の人生」のような生き方をそのときから続けています。

今は子どもも二人とも結婚し、独り身になったので、もっと「本当の自己」で生きていきたいと思っています。

今のご時世、スキャンダルになるかもしれませんが（何度も言いますが、犯罪はしないつもりです）、これが和田秀樹の「本当の自己」なのだと笑ってもらえればいいかと考えています。見捨てる方も大量に出るとは思いますが、そこが可愛《かわい》いと言ってくださる人もいると信じています（甘いかもしれませんが）。ま、そういうことにならないに越したことはないのですが、あっちにフラフラ、こっちにフラフラはやめないことでしょう。

「本当の自己」とはそういうものだと思っていただけると幸いです。

自分の生き死には医者でなく自分で決める

さて、自分の生き方を自分で決めるという話をしましたが、そう開き直った際に、今の時代に、いちばん邪魔になるのは医者かもしれません。

血圧が高いだの、血糖値が高いだの、何かの病気を見つけては、生活を縛ってきます。そして、家族も医者の指示に従うように圧力をかけてきたり、生きたいように生きるのを反対するのが通例のようです。家族があなたのことを愛しているほど、その傾向が強くなります。

これに対する対応は、後の章で述べたいのですが、私は、こういうときこそ自己決定を貫くべきだと考えています。

実際、私は比較的重い糖尿病、高血圧、心不全を抱えていますが、医者の方針に逆らって、自己決定に従って生きています。

私が自己決定でいいと考える根拠や、私がどのような自己決定をしたかは後述しますが、一人、自己決定の例を紹介したいと思います。

私の知り合いのおじいさんに当たる人の話です。

この方は、社会生活ではかなり成功した方ですし、子どもたちも知的専門職で成功者になり、子育てもうまくいったといえる方でした。

定年後は、株式の運用でそれなりに豊かな副収入も得ていました。

甘いものも好き、辛いものも好きで、なんにでもしょうゆをかけるので、奥さんに取り上げられることだけがストレスという暮らしぶりでした。ヘビースモーカーもやめることなく、一日二箱のタバコを吸っていました。

そんな彼が82歳のときに、たまたま撮った胸のレントゲンで肺がんが見つかりました。地元の大病院で精密検査を受け、その診断は確定し、転移もあるし、歳も歳なので、手術をしないで自宅療養ということになりました。

当然のように家族は、肺がんの原因になったと思われるタバコを取り上げます。

それだけ放埒《ほうらつ》な暮らしをしていたけれど、もっと長生きできると思っていた彼はガッカリして落ち込みます。さらにタバコも取り上げられて、もっと元気を失くします。

1か月ほどうつ状態に陥っていた彼は、どうせ死ぬんだし、タバコが原因で肺がんになることはあっても、タバコのせいで肺がんがさらに悪くなる証拠はないと開き直り、タバコの再開を自己決定します。

するとみるみるうちに元気を取り戻し、食欲も出てきて、がんは治らないまでも元気にはなりました。

甘いものも辛いものも好き放題食べて、それから10年後、92歳で亡くなりました。

死因は肺がんではなく、くも膜下出血でした。

外から見るとピンピンコロリのような亡くなり方だったそうです。

医者がなんと言おうが、このような自己決定は可能なのです。

そして、多くの場合、医者の言う通りにいろいろなことをがまんするより、本当の自己でいられるし、死ぬ際に、後悔が少ないようだというのが、私の実感です。

自己決定して、本当の自己を生きるというのは、自分の生き死にも自分で決めるということであると思います。

長生きできなくても、好きなように生きるという選択肢を選ぶかどうかは、医者が決めるものではなく、自分が決めるのだというのが、私の信念です。もちろん、どんながまんをしても長生きしたいという選択肢を選ぶのも自由なのです。

人生は二毛作。二度目は自分が主役で好きなことができる

これまで書いてきたことを別の言い方で言えば、人々が長寿化すると、2回の人生を生きられるということになります。

一度目の人生は、多くの場合、学校時代から始まり、社会適応的に生きる、ウィニコットの言葉を借りれば、「偽りの自己」を生きる人生です。別の言い方をすれば、社会適応的な人生です。

なるべくなら社会に受け入れられるように生き、社会の中での成功を目指し、子どものいる人は、できることなら子育ても成功し、子どもにも社会適応してほしいと通

常願う人生です。

当然、周囲の人の意向は気になるし、それに従うことも少なくないでしょう。

人づきあいについては、後の章で詳しく述べたいのですが、この時期の人づきあいは、前述の本当の自分に戻るための居酒屋で本音を受け入れてくれる同僚や、困ったときに長電話ができる友達のような例外はありますが、通常は、社会適応のための人づきあいです。

自分の社会生活に役立ちそうな人とつきあうということです。その代わり、相手に嫌われないようにすることが重要なテーマとなります。

資本主義の社会では、何かと嫌われる共産主義と違って、成果に応じて収入も社会的地位も得られるわけですから、当然、競争が起こり、その勝利をみんなが目指すことになります。

受験競争を手始めに、会社の中での出世競争や金儲けの競争など、なんらかの競争に巻き込まれることが多くなります。

勝てば勝ち組、負ければ負け組という価値観を持つ人も少なくないでしょう。

専業主婦にしても、子どもが受験競争で勝つか負けるかにこだわるかもしれません。最近は、男親もそれを気にする人が多いようです。

もちろん、そういう競争からさっさと降りて、我が道を行く人もいます。

私も、37歳で常勤の医者を辞めたときは、大学教授などの肩書の競争を降りたつもりでした。

でも、いざそうなってみると、情けない話ですが、本が売れるかどうかとか、知名度が高まっているかどうかとか、つい何かで勝っていないと不安になります。

競争から降りて、会社は金をもらうところと開き直って、5時帰宅などということができる人もいるのでしょうが、会社を辞めるという選択をしてしまうと、まだまだ世間の目は厳しいものがあります。

最近は、在宅ワークも珍しくなくなり、デイトレードで勤め人以上の収入を稼ぐ人もかなりの数で存在するようですが、このような形で「世間様」に言い訳ができる人はいいとしても、フリーターや引きこもりのような形で、十分な成果が出せない人にはまだまだ風当たりが強いような気がします。

うまく生きていける人、社会的成功で幸せを感じている人を除けば、この一回目の人生、社会的自己（あるいは「偽りの自己」）の人生が満足のうちに終わることは、難しいかもしれません。

ですが、定年後、引退後は話が違ってきます。

せっかく築き上げた社会的地位を失うことになる人も珍しくないでしょう。

たとえば、私の同期で、医学部の教授になり、勝ち組と目されている人が、もうすぐその地位を失うということで焦っている人は珍しくありません。私のようなフリーターのような人間がうらやましがられて、びっくりすることもあります。

もちろん、一回目の人生で莫大《ばくだい》な財産を得て、残りの人生は、そのお金で悠々自適ということもあるでしょう。

ただ、お金というのも使い方がうまくないと幸せを保証してくれないというのが、高齢者を多く見てきた実感です。お金があるのに、人が寄ってこないとか、楽しみのために使えないという人を、私はたくさん見てきました。

いずれにせよ、第一の人生というか、社会的人生を終えたら、新しい人生が始まります。

一回目の人生とは、おそらく価値基準が違うはずです。

周囲の要求に合わせて生きていき、周囲が評価する。もちろん、本人が頑張り、成果を出したということもあるのでしょうが、大学受験はともかく（これにしても教師や塾の言いなりになって合格ということは少なくないのですが）、社会に出てからは、上層部なり、周囲なりの評価が、その成功に大きな影響を与えるものです。

東大教授になるのでも、業績がいくらあっても、教授会で認められなければなれません。

仕事や研究の内容も自分がやりたいものというより、上が決めたことが少なくないでしょう。

ということで、多くの場合、一回目の人生というのは、周囲が主役の人生であることが往々にしてあります。

それに対して、二回目の人生は、何をするか、誰とするか、どのくらい働くか、などを自分で決められるのです。

そして、評価軸も、周囲の評価より、自分が満足できるかが大切になります。

また、人に勝つ必要もなくなります。

人生というのは二毛作で、一度目は、周囲が主役の人生だけど、二度目の人生は自分が主役で好きなことができると考えたら、そしてうまくいかなくても、ころころと

変えていけばいいと思えれば、少しは老後に展望が開けてくるのではないでしょうか？

ＡＩの時代になれば、自分がつくりたい曲をＡＩがつくってくれたり、自分が書きたいような小説をＡＩが文章にしてくれたりします。

一度目の人生は堅物のビジネスマンだったし、良き父親、良き母親だったけれど、二度目の人生はクリエイターなどということが、昔よりははるかに容易になっているのです。

もちろん、前述したように二度目の人生はスケベ親父として生きるとか、恋多き女性として生きるということだって可能です。

とにかく、**人生は二毛作で、前の人生とは全然違った人生がある、そしてそっちのほうが本当の自分になれると思うことが、いわゆる老後をきっと充実させてくれるはずです。**

一度目がどうであれ、本当の人生がうまくいけば、満足な最期を迎えられる

多くの人は、一度目の人生で勝ち負けが決まると思っているでしょう。

確かに新聞のお悔やみ欄を見ても、歳をとってからよほど世俗的な成功を収めない限り、現役時代の肩書や業績が表示されるのが原則です。それで、その人が判断されるのが当たり前になっているようです。

でも、これだけ、定年後、引退後、老後と言われる時代が長くなっているのに、現役を終えた後、その思い出だけを心の糧《かて》に生きていける人はどのくらいいるのでしょうか。

あるいは、どんな成功者であっても、自分の過去の成功の話を喜んで聞いてくれる人がどのくらいいるのでしょうか？

やはり、今の人生が充実していなければ、なかなか幸せと思えないのではないでしょうか。

高齢者を専門にする医師をやっていると、死ぬ間際の人の話を聞くことがときどき

あります。

そういう際に、人間というのは、若い頃いくら成功していても晩年不遇であれば、幸せな人生だったとなかなか思えないものだと痛感します。逆に**若い頃、大した成功を収められなくても、老後を楽しむことができたり、やりたいことができたりすると、「俺の人生、まんざらでもなかった」と思えるようです。**

一度目の人生がうまくいった人にまで、それは偽りだし、過去の栄光なんかさっさと捨てろとか言うつもりはありませんが、一度目の人生が成功であったにせよ、そうでなかったにせよ、二度目の人生を幸せなものにするに越したことはないと、多くの高齢者を見ていると感じます。

ということで、一度目の人生がうまくいった人でも、それにこだわらずに、新しい人生を踏み出したほうがいいような気がします。

最後の章に、一度目に成功して、二度目も充実した別の人生を送ることができた実例（もちろん、会ったことがないので、文献上、そう私が思うだけですが）をいくつか挙げました。参考にしてもらえると幸いです。

とにかく、二度目の人生は、自分の幸せとか満足が目的です。

人に気を使うことなく、やりたいことをやる。たまたま、それが高尚な人もいるでしょうが、下品なものであっても自分が楽しければいい。**人がどう思おうが、自分がいいと思えるかどうかで決めるということです。**

世俗の価値観や、優劣、勝ち負けで考えないことです。

嫌われると思うかもしれませんが、意外に人間というのは満足しているときは雰囲気が明るくなるので、以前より好かれることさえあります。**そもそも、「本当の自己」というのは嫌われても構わないし、100人に1人でもそれを受け入れてくれる人がいればいい類《たぐい》のものです。**

もちろん、第一の人生で失敗して、あまりお金を残せなかった人、十分な年金が受けられない人の場合は、お金を稼がないといけないかもしれません。

でも、給料は安くていい、自分が生活できるだけで十分と思えれば、嫌な職場を避けることはできるでしょうし、嫌な職場であった場合は、定時に帰って、残りの時間を自分の好きに生きればいいのです。

たとえば、映画監督という職業は、ある時期から、売れっ子の人以外は低収入の仕事になったようです。私も日本映画監督協会に入った関係で、高齢の映画監督の方を何人も知っていますが、国民年金しかもらえなかったり、それすらきちんと納めてこなかったということで相当収入の少ない人がいます。

それでも、アクティブにクリエイティブに生きているのに驚かされます。

堂々と公言する人はいませんが、生活保護を受けている人もいるそうです。

年金が基準額に足りなければ、国民の権利として受けられるのです。過去にはかなり有名な監督もいて、びっくりすることもあります。

日本というのは、最低限の文化的生活を保障してくれる国なのです。

金のかかる趣味や楽しみは難しくても、ラーメン屋めぐりとか、各駅停車で全国を旅するとか、それなりにやりたいことはできるでしょう。

いずれにせよ、この**「本当の人生」がうまくいけば、一回目のものがどうあれ、自分の人生に悔いが残らないと思います。**

次の章からは具体的に、どう「本当の人生」を送ればいいのかを、私自身もうすぐ高齢期に入るので、考えていきたいと思います。

第2章 今こそ、本当の自分探しを始めよう

いろいろなことを体験し、本当の趣味を見つけてみる

社会生活から引退したり（私は「卒業」と考えています）、解放されたら、本当の自分に戻って、本当の人生を送ればいいと言われても、自分が本当にやりたいことってなんだろうと戸惑《とまど》う人も少なくないかもしれません。

老後はのんびりしようとか、もう働くのはやめて遊んで暮らそうと思っている人も少なくないでしょうが、それが続かないという話も聞きます。

私の知り合いの編集プロダクションの経営者は、老後、遊んで暮らすのに十分なお金を貯めて、60歳を過ぎて、悠々自適の暮らしを始めたのですが、1年くらいで飽きて、また編集の仕事に戻りました。

無目的に遊んで暮らすというのは意外に難しいようです。

私も前述のように気が散りやすい注意欠陥多動性障害の気があるので、無目的に生きるというのは難しいだろうなと自分のことを予想します。

だから、何か本当にやりたいことを探す、自分の好きなことを探すというのが、本

当の人生の第一歩かもしれません。

そういう意味では、いわゆるオタクと言われている人は恵まれているかもしれません。

やりたいことがはっきりしていて、定年後は思いきり、それに打ち込めると思えるからです。アニオタ（アニメのオタク）と言われる人は、会社や社会を離れたほうが堂々と自分の好きな格好《かっこう》ができるし、フィギュアを買いに行くのを見られる心配から解放されるかもしれません。

本当の人生というのは、欲望の通りに生きる、思い通りに生きるということなので、趣味の世界に生きるというのは想像がつきやすいですし、再就職などと違って、趣味には定年（さすがに体力がついていかないことはありそうですが）がないので、真剣に楽しめ、それをやっていれば上機嫌になれる趣味が見つかれば、本当の人生が始まるということにもなるでしょう。

見つからない人は、探すほうがいいことは私も否定しません。

お茶であれ、俳句であれ、踊りであれ、やってみないことには楽しいかどうか、自分に合っているかどうかはわかりません。**一つやってみて、あまり楽しくなければ、**

別のことをすればいい。

このマメさが本当の人生を見つける、究極のテクニックと言えるかもしれません。**とにかく見つかるまで試し続けるということです。年に100個くらいは試せるでしょうから、きっと見つかると信じています。**

ただ、趣味というのは習い事に限りません。

集団になるのが嫌いな人もいるし、人に教わるのが嫌いな人もいるでしょう。

まず家から出てみましょう。

たまたま食べたラーメンがおいしいという経験をしたとしましょう。それによって、残りの人生はおいしいラーメンを探して、時間の許す限り、あちこちに出かけてラーメンの食べ歩きをすると決めただけで、一生の趣味が見つかります。3000軒くらい食べれば、ラーメン界でなんらかの影響力を持てるようになるでしょう。

ラーメンはありきたりでも、カレーとかそばとか、うどんとか、お好み焼きとか、たこ焼きとか、ほかと違うことで負けないものが見つかれば、残りの人生は充実することでしょう。

面白い看板を見つけたら、ほかにもないかをあちこち探すのもいいかもしれません。

マッサージ店（普通のものでも、風俗的なものでもOKです）を1000件くらい回って、マッサージ通としては誰にも負けないというのもあり得るでしょう。これはちょっとお金がかかるかもしれませんが。

外に出なくても、いろいろなSNSを見て、自分が興味を惹《ひ》かれるものを実体験するという手もあります。

今は、みんながおいしかった店や楽しかった体験をインスタに上げたり、ブログに書いたりするので、時間さえあればいろいろなヒントがあるはずです。

あとは、自分も経験して、それを自分の趣味とか残りの人生（つまり本当の人生）の楽しみにできるかを考えればいいのです。

お笑いが好きな人は、寄席《よせ》に実際に行ってみるとか、それがあまりに遠い人はDVDやネットフリックスで、本物の芸（高齢になるとテレビの芸はレベルが低いので笑えないのが通常です）を見るという手もあるでしょう。

官能小説を読み漁《あさ》ったり、エロ画像にハマったり、興奮したりするのも、見る分には犯罪ではないので、心から楽しめるなら、悪い趣味ではないのです。実際、こういうもので興奮すると男性ホルモンが分泌されるので若返りにつながります。

高尚なものが好きな人はそれでよし、下品とされるものや性的なものでも楽しめればいいと思えれば、本当の人生の軸となる、本当の趣味が見つかり、残りの人生が充実すると思います。

私も、普段ものすごく上品なのに、エロ画像集めが趣味という人を知っていますが、人間というのは、そんなに単純なものでないし、自分を殺さなくていいのが、本当の人生なのです。

あれこれ試してみるのが、天職を探す近道

本当の人生を生きるために趣味が重要なのは確かですが、理想を言えば、本当にやりたいことを仕事にするということで、自分にとって、これが本当の人生なのだと実感することができます。

以前、私は臨床心理学の大学院の教員をやっていたのですが、私のいた大学院が、大学時代の学部が心理学科ではない、社会人経験者の入学を許可していたせいか、ほかの仕事をしていた人が臨床心理士になりたいということで、かなりの数の人が入学

していました。

その中に毎年二人くらい、大企業を定年後、心理学を学びたい、セカンドキャリアは心理職をやりたいということで、入学する人がいました。

企業にいると、人間関係の悩みも多いでしょうし、うつ病になる同僚を見たり、それを救えなかった自分を責める人もいるでしょう。

いずれにせよ、彼らは一様に熱心で優秀でした。

残念ながらその後もコンタクトをとっている人はいませんが、定年のない仕事なので、まだ活躍されていると信じています。

実は、私は東日本大震災のときに、原発の廃炉作業を行う人たちが、激務と不安と心無い風評でメンタルの不調を起こす人が多いということで、震災の10日後からメンタルヘルスのボランティアに、原発近くの福島県広野町というところへ通い続けています（コロナ禍になってからはオンラインになりましたが）。

原発事故直後は、どんな後遺症が出るかわからないという、あまり科学的根拠のない話が広まっていたので、若い臨床心理士はスタッフに誘えなかったのですが、私より年上の臨床心理士が、私のゼミの卒業生にいたので、その人たちを誘って、ボランティアを始めました。

二人とも女性で、一人は元助産師、一人は元教師で、私のいた大学院を受けなおして、臨床心理士の資格を取ったのです。

確かに人生経験を積むほど心理職としての深みが出てくるのは事実ですが、もう一つ、一度目のキャリアとして心理職が選べないハードルがあります。

収入が少なすぎることです。

指定の大学院を出ないと受験資格のない臨床心理士の資格は合格率も５割程度と、医師国家試験や看護師の国家試験と比べるとはるかに難関の資格なのですが、年収３００万円から４００万円ということがざらにある世界です。

ただ、定年後であれば、たいていの場合、家のローンは終わっているでしょうし、子どもの教育も終わっているでしょうし、何より年金が出るので、この収入でも選ぶことのできる職業です。

何が言いたくて、この話をしたかというと、**「本当の自己」として生きる本当の人生においての職業選択というのは、やりたいことを最優先にして、収入面はそれほど気にしなくていい**ということがあります。

昔やりたかったけど、それじゃ食べていけないからと断念したことがある人は少なくないでしょう。

私はときどき、映画監督をやるのですが、確かにお金の面でも条件はよくないし、労働時間も長いので、助監督（とくにサード助監督といわれる使い走りのような仕事）や制作進行（撮影中に通行人を止めるなどの雑務をやる係）などは慢性的な人手不足です。

確かに雑用でもあるのですが、映画のつくり方はわかるし、俳優さんともおしゃべりなどができるので、意外に楽しい仕事でもあります。仕事の飲み込みがよくて、戦力になるということになれば、そのままずっと映画製作にかかわっていられるでしょう。映画のスタッフは意外に高齢の人が多いのです。そして、10年後には映画監督も夢ではありません。

収入面で妥協できるなら、経験はなくても体力に自信のある60代の人はおそらく歓迎されるはずです。ついでに言うと、映画の世界も今年くらいから、働き方改革が始まって、以前のような過酷な現場はほとんどなくなるとされています。

このように収入が少なくてもいいと思えれば、いろいろな仕事が選べます。

音楽関係の仕事とか、喫茶店のマスターとか、バーテンダーとかやりたかった人はやってみるチャンスです。

お金がいらない（年金と貯金が十分ある人）なら、もっとできる仕事はあります。

売れない小説を書き続けて、ＳＮＳで発表していたら、奇跡的に売れることもあり得ます。趣味でなく売るために絵を描くということもできるでしょう。

今、若者に憧れの職業であるYouTuberも実際にやってみると、よほど売れない限り、お金にならないのですが、お金にならなくていいのなら、しかも時間に余裕があるのなら、続けているうちに、それが職業になることはあり得ます。

芸人になりたかった人は、昔なら年齢が高いと弟子入りを断られたでしょうが、いろいろなお笑いのプロダクションがやっている養成所に入れてもらうことができれば、ものすごい遅咲きのデビューはあり得ない話ではなくなりました。

趣味と同じで、やってみて向いていないことがわかったり、思ったよりつまらなかったら乗り換えたらいいのです。

そうこうするうちに、天職が見つけられたら、きっと本当の人生は充実します。

よくよく考えたら、**一度目の職業というのは、よほど運のいい人でない限り、天職**

でないことが多いような気がします。

収入面や世間の目を重視したりしているし、大学生とか高校生では選ぶ目もしれているので、イメージで選ぶことも多いことでしょう。

やってみたら、楽しかった、充実していたということは、なくはありません。

私にしても、映画監督になりたかったのに、学生時代、ろくな作品がつくれず、賞をとったり、メジャーデビューした学生監督に負けたと思いながら、医学部にいたので医者になったという過去があります。ところがいい師にめぐりあい、患者さんを診ているうちに、医者の職業が好きになり、一生続けるつもりでいます。

文筆業で食べられるとも思っていませんでしたが、書くことを続けているうちにヒット作が出ました。

そして、映画でヒット作が出て、人のお金で映画が撮れるようになったら、それが天職になる気がします。私は5本しか撮っていませんが、現場が楽しくて、そしてその後のポスプロと言われる編集や音楽を入れる作業が楽しくて仕方がないからです。

映画に関しては無収入どころか、持ち出しですが、お金のためでない仕事を持つのは幸せなことだと本心から感じています。

いずれにせよ、本当の人生においては、自分が楽しい、やりがいがあると思えたり、打ち込めると思えるような職業に出合えるかどうかは、その成功が大きなカギになる気がします。

運ももちろんあるでしょうが、今、思い当たるものがない人でも、あれこれと試してみる姿勢がきっと本当の人生を充実させてくれると私は信じています。

お金がなくてもほとんどの人は本当の自分になれる

やりたい趣味はあるけど、お金がかかりすぎるとか、やりたい仕事の収入では食べていけないという現実的な悩みがある人もいるでしょう。

資本主義の世の中では、お金が大きな障壁になるのは確かです。

豪華な旅が好きだとか、趣味にお金がかなりかかる場合は妥協も必要になるでしょう。

あるいは、会社勤めでなかったため、年金が十分でない人も少なくないでしょう。

本当の人生とか「本当の自己」というのが、自分の欲望通りに生きるものだという場合には、現役時代に貧乏で苦労していた人ほど、思いきり贅沢《ぜいたく》をして、好きな車に乗って、ファーストクラスで世界一周などというのが本当の欲望かもしれませんが、現役時代に貧乏だった人は老後も貯金はろくになく、年金も少ないという現実に突き当たる人が多いでしょう。

ただ、ＩＴが進歩して、メタバースなどを使えば、相当リアルな仮想体験ができるようになっています。これはもっと進歩すると考えられているので、ゴーグルをつけるだけで、ファーストクラスもポルシェの運転席も、さまざまなゴージャスな体験ができるはずです。メタバースにはまって、メタバース漬けになるというのも本当の自分なのかもしれません。仕事をしなくてよくなったらそれも可能でしょう。もちろん、それに飽きてきて貧乏な現実でもいいから、定食屋のご飯を食べる幸せを感じることもできるかもしれません。私も金持ち生活に飽きた金持ちの人を何人も知っています。

ただ、寝たきりになったり、身体が不自由になっても、メタバースのおかげでいろいろな仮想体験ができるようになったことは、昔よりよくなったことだと高齢者を多く見てきた医者の立場からは言えます。

もちろん、そこまで欲望が大きくない人でも小さな幸せを得るために、お金を稼ぐこと、働くことは悪いことではありません。

各種調査を見る限り、働き続けるほうが、身体機能の老化や脳の老化を遅らせるし、寿命を延ばす傾向にあることは明らかになっています。

体力に自信があれば、介護の仕事で、感謝されながら、月に20〜30万円程度のお小遣いをつくるのもいいでしょう。空前の人手不足ですから、探せばいろいろと職はあるはずです。また、現役時代と違って、休みもきちんとあるし、残業もほとんどないので、これはお金を稼ぐための「偽りの自己」なのだと割り切れば、残りの時間で、「本当の自己」として生きることは可能でしょう。

老後の貯金をしなければと思うかもしれませんが、**寝たきりや要介護状態、認知症になれば、日本ではそんなにお金はかかりません。介護保険があるので、それに入ってさえいれば**（通常は40歳から強制的に加入させられますし、年金をもらっている人は天引きされます）、**大丈夫です。年金が足りない人は、生活保護の申請を断られることはまずないので、それで介護費用は足りるし、特別養護老人ホームに入れば、３食保証され、入浴サービスも受けられます。**

ということで、よほど高級な老人ホームに入りたいとか、自宅介護で子どもに迷惑をかけたくないので住み込みのお手伝いさんを雇いたいとかいうことがなければ、**身体や脳が弱ったときのための貯金は必要ないというのが、私が多くの高齢者を見てきた結論です。**

もう一つ、子どもに財産を残す必要がないと思えば、意外にお金はあるものです。

今のご時世、90歳過ぎて亡くなるということが当たり前にあります。とくに両親が二人とも死なないと子どもに遺産が全部は入ってこないので、子どもが遺産を受け取る頃には、60歳を過ぎているなどということはざらになっています。子どもが本当の人生を迎える時期になっているのです。

子どものほうも孫にあたる子の教育費もかからなくなっていますし、住宅ローンを終えたという人も少なくないでしょう。

もちろん、子どもの老後に贅沢をさせてやりたいと思う人もいるでしょうが、よほどのお金持ちでない限り、自分のために使ったほうがいいと思います。

もちろん、自分にとって本当の趣味がお金のかかるものでない人もいるでしょうが、それは結果的にお金が残るだけの話で、**お金を残すためにがまんとかあきらめる**

ようなことはしないことが本当の自己実現につながります。

たとえば、残りの人生をグルメや旅行三昧《ざんまい》とか、スポーツカーをぶっ飛ばすとかいう本当の人生を考える場合、あるだけのお金を使ったほうがグレードが高いものになります。

その際、自宅を子どもに残さないでいいと考えれば、自宅を売って資金にすることもできますし、あるいは**リバースモーゲージといって、自宅を担保に毎月お金を借りて死んだときに自宅売却で精算、ということも可能です。**

現在、大都市部では地価がバブル状態なので、自宅を売って得られるお金はバカになりません。

ということで、そうでない方には不愉快とは思いますが、かなり多くの方はお金の心配をしないで本当の人生を歩めるものだと私は考えています。

とにかく、お金がないから、老後に本当の自分になんてなれない、欲望のまま生きていくのは無理だと思わないでいい、ということは伝えておきたいことです。

自分を縛るものは自分の内にある

それより、本当の人生の実現を阻害するものは、自分にあるのだということを知ってほしいのです。

たとえば、見栄とか世間体とかいうものです。

娘の結婚式のときに、自分の職業は恥ずかしくないものにしたいとか、年甲斐《としがい》もないと言われたくないとか、そういうものが、本当の自己実現を妨げるとしたらもったいない話です。

自分のこれまでの人生が「偽りの自己」の人生で、これからは**「本当の自己」になって本当の人生を歩む際にしてほしい意識改革として、自分だけでなく、世間とか周囲の社会の人たちも偽りなのだということも理解してほしい**のです。本当はうらやましいけど、まだ自分には会社も家族もあるという人はたくさんいるのです。

本当の人生は予想したより長いものではあるけど、一度しかないことには変わりありません。たった一度の人生だし、無限ではないのですから、あのとき、やっておけばよかったという後悔をしないためにも、世間体とか人目を気にしてほしくないのです。どうせ、その声は、「偽りの自己」のものだと開き直ってほしいのです。

『嫌われる勇気』で日本でもおなじみになったアドラーは、「人目の奴隷になるな」と言っていますが、社会生活を送っている間は、そうもいかないことも多いでしょう。しかし、**本当の人生を送ることになった際は、法律は気にしても人目は気にする必要はない**のです。

ほかに自分を縛るものとして、社会生活を送っていた時期、つまり「偽りの自己」でいた時期に自分に染みついた価値観や道徳観があります。

欲望のままに生きると言われた際に、そんなのは人間として恥ずかしいと考える人もいるでしょう。

もともと、しつけとか道徳とかいうものは、「本当の自己」で生きる幼児や小児を、社会適応させるために、「偽りの自己」に育てる過程とも言えます。その際に、「そんなことをしてはいけません」より強力なものが、「そんなことをしては恥ずかしい」なのだと私は考えます。

命令であれば、いやいや従うでしょうし、自分ががまんしていることがわかります。

でも、恥ずかしいことは、恥をかかなくていいように、自分で自分を縛るのです。本当の自分で生きたいと思っても、そんなことをしては恥ずかしい、自分にはできないとブレーキをかけることがあるでしょう。

恥ずかしいというのは、もちろん自己制御のために持つことのある感覚ですが、通常は、人目を気にしてのものでしょう。人に笑われるとか、バカにされるというのが恥ずかしい感覚ではないでしょうか？

何度も言いますが、このときの人目というのは、社会的に生きている人の目、「偽りの自己」を生きている人の目です。あなたが恥ずかしいと思うようなことを堂々とやった場合、もう「本当の自己」の世界にいる人たちから見ると、「楽しそうでいいね」という話になるのかもしれません。

しつけの中で価値観を植え付けられ、それが自分を縛ることもあります。

私の母親は私に勉強しろと言ったことのない人でしたが、今思うともっとひどい形で、勉強に仕向けた気がします。

大阪に天王寺公園という大きな公園があるのですが、私が子どもの頃は、福祉がろくになかったこともあって、当時〝ルンペン〟（今日では不快語とされています）と言われるホームレスがいっぱいいました。今のホームレスはファストファッションなどを着ているので、そこまではみすぼらしくないことも多いのですが、当時は本当にぼろを着ていました。

今なら差別と言われるでしょうが、「あんたは人に好かれる人間やないから、勉強せえへんかったら、あんな風になるで」と言われたことを今でも覚えています。「あんな風」になりたくなくて勉強して、今の私があるのですが、その後、長い間、私は貧乏恐怖から働いていた気がします。

ところが、歳をとるというのは不思議なもので、今はホームレスの人を見ていると（そんなに甘いものではないのでしょうが）気楽でいいなとか、世間体から自由になれていいなとかうらやましく思えることがあります。

東大除籍（その時点から無頼ともいえるのですが）で直木賞作家の田中小実昌《こみまさ》さんが、歳をとってからは、ふらふらと公園のコンクリートパイプで寝るような生活をしている話をカッコいいと思うようにもなりました。

今は、私もそれなりにまともな生活をしていますし、本が売れてからはかなりの贅沢をしています（ただし、貯金はほとんどありません）が、なんとなくそれが仮初《かりそ》めの姿のような気がします。

少なくとも小さい頃から染みつけられた価値観が、多少は変わってきたようです。

この価値観の中で根深いのが、職業の貴賤《きせん》です。

昔、石原慎太郎氏が都知事になった頃、都バスの運転手が定年間際になると年収が1000万円を超すような賃金体系になることを、コテンパンに叩いたことがあります。

人の命を預かる職業で、事故もなく、40年以上も働いてきたのですから、1000万円を超すことが悪いとは私には思えないので、かなり腹を立てた記憶があります。

ちょっと勉強ができるだけで医者になると、大学を出たてでも「先生」「先生」と呼ばれ、30歳くらいで年収1000万円にもなるのに、こんなに長い間、まじめに働いてきた人がそのくらいの収入でボロクソに言われることに違和感を覚えたのです。

でも、その石原氏の発言は、公務員のお金の無駄遣いとして、喝采《かっさい》を浴びた気がします。やはり、一般には職業の貴賤の感覚が厳然としてあるのだなと痛感しました。

こういう感覚が染みついてしまうと、本当の人生の足かせになることは確かです。

大企業の部長までやったのに介護の仕事なんかとか、運転が好きだからタクシードライバーをやってみたいけど、さすがにそこまで落とせないとか、そういう話は珍しくないでしょう。女性だって、掃除が好きだからお掃除おばちゃんでお金になるのならそれでいいかと思っていても、そうはいかないケースもままありそうです。

趣味にしても高尚な趣味ならいいけど、エロとか下品とかオタクとか言われる趣味には手を出せない人もいる気がします。

「本当の自己」で生きると決めたら、そういう価値観から解放されないと、なかなか偽りの世界から抜け出せないのではないでしょうか？

「かくあるべし思考」というものも自分を縛るものですし、メンタルヘルスにも悪い思考パターンだとされています。

「男たるものかくあるべし」とか「年長者はかくあるべし」、「人様に迷惑をかけてはいけない」などという価値観はかなり蔓延《まんえん》しているようです。

新型コロナウイルスが流行《はや》ったときに、母親に「コロナにだけはなりたくないな」と言われたので、「マスコミが騒ぐほど怖い病気じゃないよ」と伝えたら「恥ずかしいやろ」という答えにびっくりしたことがあります。感染した人間は、いけないことをした人間で、恥だ、とこの世代の人間は思ったのでしょう。実際、マスコミもそのように報じていました。

同じように地方だと車がないと生活の足がなくなるので、死活問題なのに、歳なんだから免許を返納しないといけないと思って、実際に運転をしなくなる人も多いようです。実は統計学的な根拠はないのです。マスコミが騒ぐため、人に迷惑をかけてはいけないと思ってしまうのでしょう。あるいは、老害と言われるのを恐れる人もたくさんいます。

こういう「かくあるべし思考」から楽になって、生きたいように生きるというのも、本当の人生にとって大切なことなのです。しかし私も精神科医として痛感しているのですが、そんなに簡単なことではなく、**社会生活から解放されても、自分の決めたルールに縛られる人は少なくないようです。**

「本当の自己」の実現を邪魔するのは、お金の問題とか、年齢による老化ではなく、このように自分を内から縛るもののことが多いようです。相当の意識改革が必要だとわかってください。逆にそれができたということは、周囲からは白い目で見られたとしても、すばらしいことだと私は思います。

「なりたい自分」より「ありたい自分」を理想にする

残りの人生は理想の自分でいたいと思っている人もいるでしょう。

歳をとって、つまらないことで怒らないとか、「伊達《だて》に歳をとっていない」と思われるような知恵があったり、人が話を聞きに来たいと思うような老人になりたいといったことなのでしょうか？

確かに、社会的地位を失い、人がその人に敬意を払うとしたら、その人そのものの人格とか魅力に対してそうするのでしょうから、会社の中での出世以上に、自分磨きというようなものが大切になるのかもしれません。

私にはとても不可能なことと思えますが、そういう素敵な歳のとり方をしている人は確かにいます。

晩年の樹木希林《ききききりん》さんはそんな人だったようです。

がんの末期になって寝たきり状態になっても、話を聞きたいという人が絶えなかった、というのはやはりすごいことです。

これまでは社会的地位を得たり、それを守るために計算して生きてきたとか、いつも相手の顔色をうかがっていたが、その必要がなくなったら、もっと素直に人のために生きたいとか、人を思いやれるようになりたいということもあるかもしれません。

いつの間にか、日本という国は、右派と言われる人や資本主義絶対の人が増えて、政権与党を批判したり、貧しい人や弱者の味方のような発言をするとサヨクとか言ってバカにするようになりました（私の被害妄想かもしれませんが）。私についてもサヨクという人が多いような気がします。

今でも、私は産経新聞の正論メンバーですし、『HANADA』や『WILL』などの保守系雑誌に寄稿するので、ウヨクと思われるのは仕方ないかなと思うのですが、精神科医という職業柄、弱者の味方的な発想が身についてしまったようで、YouTubeなどではどちらかというと弱者側の味方の発言をするし、政権批判もするのでそう思われるのでしょう。

また、ケインズが好きで、格差が小さい社会のほうが国民の総消費も増えるし、国民全体の幸福度が上がるので、多少税金が高くなっても、所得の再分配をしたほうがいいと考えているのですが、それを共産主義者と言われることもあります。とくに、高齢者を長く見てきて、子どもにお金を残してもろくなことはないし、自分が稼いだ財産は自分で使い切ったほうが幸せになれると信じるようになったので、相続税100%などと言い出してから余計にそう思われるようになりました。

私が弱者の味方をするのは、それが肌感覚に合っていて心地いいからであって、そのほうが聖人とか理想の自分だからというわけではありません。とくにグルメなものですから、贅沢な食事をするときに、同じ国に飢えている人がいるのなら（私はドメスティックな人間で外国の人が飢えていてもそれほど不快ではないのですが）、せっかくのおいしいごちそうがおいしく食べられないということもあります。

何が言いたいのか論旨が混乱したかもしれませんが、私が言いたいのは、**理想の自己というのも世間で言うところのかっこいいものではなく、自分自身がそういう理想の自分になれたら心地いいかどうかで決めていいものだということです。**

歳をとっても異性にもてるのが理想の自己だと考えてもいいし、人目を気にしない自分を理想の自分と考えてもいいのです。

社会生活を送り、「偽りの自己」として生きていた時期には、理想の自己というのは往々にして「なりたい」目標だったのではないでしょうか？

ある肩書を得たいとか、人に好かれるようになりたいとか、頭がいいと思われたいとか、なりたい自己を目標にして頑張っている人が多い気がします。

でも、**「本当の自己」として、自分が生きたいように生きるという時期になると、「ありたい」目標のほうが大事な気がします。**

こういう自分でいられるなら気分がいい、という感覚です。

人に優しくできるというのが「ありたい」目標であれば、ちょっとした親切ができるとてもいい気分になることでしょう。震災とかでちょっとした寄付をすると、すごく幸せな気分になれるかもしれません。情けは人のためならずと言いますが、こういう満足感が得られるなら、損をしてもいいという気になれるような気がします。

私のありたい自分というのは、「嘘をつかない自分」と「今日より明日賢くなっている自分」です。

本当の自分で生きることにすれば嘘をつく必要は少なくなると思っていますが、ウケたいとかテレビに出たいからとかいう理由で嘘をつくようなことはしたくありません。テレビというのは言ってはいけないことが多すぎて、本当の自分で出られることはまずないような気がします。

昨日より今日、今日より明日賢くなっている自分というのは、勉強して知識を増やすという意味より、いろいろな経験をすることで思考の幅が広い自分になれることを目標にしています。

私も40代くらいまでは、世の中に正解があると思い、それを求めて勉強をしていました。たとえば、精神分析の世界でも、フロイトよりコフートが正しいという風に考えていました。

でも、ある時期、世の中に正解がないということに気づき（というか、そういう風に考えるようになって）、いろいろな答えを持っているほうが、思考の幅が広がると思えるようになりました。

すると、自分と違う意見の人に出会っても、それを言い負かそうとせずに、「そういう考え方もあるよね」と受け流すことができるのです。

最近賢くなったと思える発見は、**試す前から正しい答えはない**、ということです。**政策であれ、実験であれ、治療であれ、試してみないとそれがいい結果（これにも客観的な評価はないのですが）と出るかどうかはわかりません。**

私は、今の医者のやり方に批判的ですが、自分の治療理論は多くの人に当てはまると信じています。しかしみんなに当てはまるとも思っていません。試してみないと、いい結果が出るかわからないからです。

だから一般の医者のように、血圧が高いから下げなさいと押し付けるようなことはしません。試してもらうヒントを与えるだけで、それを受け入れるかどうかを決めるのは患者さんのほうだというスタンスです。

いろいろな考え方を自分に取り入れたり、あれこれと試してみたりでいい答えを求めるという考えになると、老後、暇になるほどそういうことができるようになります。

いずれにせよ、「本当の自己」になるための「ありたい自分」を持つというのは、**比較的現実的なテクニックのような気がしてなりません。**

欠点だと思い込んでいるあるがままの自分を受け入れる

理想の自己イメージみたいなものができれば、本当の自分になりやすいという話をしましたが、**もう一つの大事なポイントは「ダメな自分を受け入れる」ということ**です。

ありたい自分という理想像をつくっても、そうはいかないのが人間の常です。

多くの人は欠点に悩むものです。

「この歳になっても落ち着きがない」

「すぐに女性（男性）のことを好きになってしまう」

「無駄遣いがやめられない」

「AVやエロ動画を買うのがやめられない」

「スケベがなおらない」

「人の気持ちがわからない、社交性がない」

などなど、自分の欠点を悩むわけです。

ちなみに、今挙げた例は、私が過去や現在悩んでいる欠点です。

ただ、こういう欠点の多くは、社会適応的に生きるために、つまり「偽りの自己」の世界で、欠点と言えるものです。

本当の自分で生きると決めたなら、スケベであろうが、ロリコンであろうが、オタクであろうが、法に触れない限りは自分を許していいのです。

私は運よく東京大学を卒業しているのですが、これは意外に損かもしれないと思うのは、世の中にはいまだに学歴コンプレックスの人が多いことに気づいたからです。私たちが育った時代は、まだ学歴社会と言われていたので、余計にそうなのかもしれません。

でも、「本当の自己」にとっては、過去の学歴も職歴も関係ありません。

少なくとも、それは何十年も前にほかの人に負けたとか、経済的理由などで行きたい学校に進学できなかっただけの話で、今の話ではありません。確かに社会適応の世界では、学歴が高いほうが優遇されることは今でもあるでしょうが、これからの人生にはなんの影響力もありません。もちろん、それはその人の欠点ではありません。

逆に、学歴や職歴が立派な（だと世間が言う）人も、それが「本当の自己」にとってはあまり役立つものでないことは自覚すべきだと思います。

確かに高い学歴とか、以前はどんな社会的地位にいたかを誇りにしたい気持ちはわかりますし、そういうものがあったほうが精神衛生上もいいのかもしれませんが、逆にそれが世俗的な価値観に自分を縛るものとなって、「本当の自己」の実現には邪魔になる気がします。どこの大学を出ていようが、かつての社会的地位がどんなものであろうが、やりたい仕事をして、自分が楽しい趣味の世界で生きればいいのですから。

私の考えでは、引退後や老後の時代は、自分が欠点と思っていることが、社会生活をしている頃より邪魔にならない気がします。

たとえば、私は今でも落ち着きがないのですが、勤め人のときと違って、じっとしていられる時間だけ仕事をすればいいというケースが増えてきます。実は、私は、いろいろな仕事をしたり、いろいろな本を書いたりしているので勝手にすごい才能だと思ってくださる方がいるのですが、そうではなくて、落ち着きがないのがわかっているから、同時並行的にいくつも仕事をして、一つの仕事に飽きたら別のことをやっているのです。

フリーターのようなものだから、それが可能だったわけですが、本当の人生においては、多くの人もそれが可能になるはずです。

今の時代、人の気持ちがわからないとか、コミュニケーション能力が低いというのは、ものすごい欠点のように考えられているし、そのために知的能力が高いのに世俗的な出世ができない人もいることでしょう。

これも、本当の人生では人に合わせる必要がなくなり、わかってくれる人とだけつきあえばいい（このことについては次の章でゆっくり論じます）のですから、あまりまずい欠点ではなくなることでしょう。

本当の人生では、やりたいことをやったり、可能な限り欲望に忠実に生きたりしていいというのが私の提言ですが、自分の欠点とか、ダメな自分とかを無理やりに矯正したり、押し殺すのでなく、**欠点がある自分のままで生きていくことも可能な人生なのだ**と知ってもらっていいかと思います。

どうせ、欠点などは、世俗の世界、「偽りの自己」の世界で決められたとか、あなたが思い込まされたものがほとんどなのですから。

要介護や認知症を必要以上に恐れない

さて、ここまでは「本当の自己」になるなど、本当の人生を送るための覚悟のようなものを書いてきたわけですが、老後の自己の危機として、多くの人が恐れ、そして現実に低くない確率で将来起こるものに、心身の衰えがあります。

本当の人生がうまくいき、趣味の世界でも評価されたり、そうでなくても、自分なりに満足できているとか、仕事を変えて新しい自分として生きていけるようになったのに、認知症になってしまったとか、脳梗塞《のうこうそく》の後遺症で歩けなくなった、人と話せなくなったということは、実際に起こることです。

定年後に臨床心理の大学院に入ってくる人が少なからずいることを書きましたが、今でも忘れられないのは、その中の一人に一流大学を出たエリート出身（こんな書き方をするのは、私も世俗の価値観に囚《とら》われているのかもしれませんが）、成績も優秀だった方が、卒業（大学院なので修了ですが）間際に脳梗塞で倒れ、言語機能が大幅に低下してしまったことがありました。

歳をとるとこういうことが起こり得るのだし、今は、その人が脳梗塞になった歳より私の歳が上になったので、自身にもいつ何が起こるかわからないことは肝に銘じています。

ただ、これからの人生を考えるうえで、そうなっても終わりではない、ということを知っておいてほしいのです。

ＡＬＳ（筋萎縮性側索硬化症《きんいしゅくせいそくさくこうかしょう》）という難病があります。運動ニューロンが障害され、運動機能がどんどん落ち、筋肉も萎縮していく病気です。

現時点では根本的な治療の方法はなく、社会生活が営めなくなる難病と考えられているのですが、知能のほうはまったく障害されないので、ものすごい活躍をされる方もいます。

いちばん有名なのはホーキング博士でしょうが、彼は幸運にも進行が途中で急にゆっくりになり、発症から50年にわたって研究活動を続けました。

私の知り合いの学者もこの病気にかかったのですが、目を使って（眼球運動の神経は障害されないとされています）パソコンを駆使し、毎年2冊くらいの著書を出し続けています。

ただ、そんな風に立派な仕事ができなくなったり、それどころか、世俗的な意味での生産性がなくなったり、知的機能が子どものように衰えたりしても、私はそれでおしまいとは思いません。

本当の人生にとって大切なのは、自分が幸せと思えるかどうかです。

前述のようにメタバースがあれば、寝たきりになってからも幸せが感じられるかもしれません。

認知症になったら終わりとか、認知症になったら安楽死というような人がいますが、ある意味、認知症というのは、「偽りの自己」を「本当の自己」に戻してくれる病気なのではないかと私には思えます。

要するに、世間体や人目を気にするなとか、これまで染みついてきた価値観を捨てろとか言われても、なかなかできない人が多いのに、認知症になれば、自然とできてしまうことが往々にしてあります。とくに病気が進んでくるとそうなります。

自分のやりたいことだけやって、幸せそうに生きている認知症の患者さんを私は大勢知っています。

なぜか、**認知症になると人は多幸的になることが多く、嬉しそうな顔をして生きているのです。**

大好きな甘いものを食べると、天上の歓びのように嬉しそうにします。

知らない人同士でも、通じない会話をしているのに、通じているかのように話し合いを続けます（これを老年精神医学の世界では偽会話といいます）。そして、手をつないで歩くなどということもよく施設では見受けられます。

驚いたことに転倒して大腿骨頸部《だいたいこっけいぶ》骨折という痛い病気になっても、痛みを感じないように歩き続ける人もいます。

がんなどの病の恐怖もなさそうです。

認知症というのは、つくづく、嫌なことを忘れたり、感じなくさせてくれる病気で（もちろん、介護虐待のようなことをされると、怒ることや哀しそうにすることはあります。それでも1時間くらいで忘れられるのです）、こういうのが「本当の自己」なのかもしれないと思わせてくれるのです。

世俗から見て恥ずかしいとか、カッコ悪いとかいう「偽りの自己」の価値観ではなくて、自分が満足できるということが、「本当の自己」の目的だとすれば、それが実現しているのです。

要介護や認知症になったら終わりではなく、本当の人生の後半戦が始まり、そっちのほうが本当の意味で本当の人生かもしれないというのが、私の長年の老年医療の結論です。

信じるかどうかは読者の皆さんの勝手ですが、必要以上に恐れるのは得なことではないということだけは言っておきたいと思います。

第3章

疲れる人づきあいはやめていい

初婚や若い頃の結婚は、「偽りの自己」で選びがち

さて、定年や引退、子育ての卒業などで、人生の次のステージが始まる際に、本当の自分で生きていこうというのが、本書の趣旨なのですが、そうなってくると人づきあいの見直しも必要です。

出世のために、保身のために、この人とつきあっていなければならないと思っていた人については、その必要がなくなれば、無理につきあう必要はありません。

本当の自分が楽しくつきあえる相手とだけ、つきあえばいいということになります。

その中で、もっとも見直しが必要だと私が考えているのが、夫婦関係です。

本当の自分として好きに生きたいと思っても、世間体が悪いと真っ先に止めに入るのは、多くの場合、配偶者でしょう。

あるいは、残りの人生はラーメン屋めぐりだの、ワイナリーや酒蔵をめぐって暮らそうと思っていても、身体に悪いと言って止めにくるのもやはり配偶者（子どもの場

合もあるでしょうが）でしょう。

歳をとったから異性とフランクにつきあいたいというような場合でも、必要以上に嫉妬したり、怒ったりするのは配偶者ではないでしょうか？

あるいは、これからは老後の蓄えのつもりで貯めたお金を、楽しみのために使おうとする際に、ブレーキになるのも配偶者のような気がします。

それで残りの人生、ずっとがまんできるのかを考える必要があるということです。

あるいは、本当の自分に戻った際に、話が合うのか、気が合うのかも重大な問題です。

以前なら、会社に行っていたり、子育てで忙しかったりで、顔を突き合わせていなくても済んでいたものが、仕事がなくなり、子どもも巣立ってしまったりで、夫婦二人の生活が始まると、話が合わない、気が合わないが顕在化します。

久しぶりに夫婦でフレンチを食べに行っても、さっぱり話が盛り上がらない、旅行に行っても気詰まりだということもあるでしょう。

この人とずっと一緒に食事というのは嫌だとか、旅行に行く気がしないということもあり得ます。

本当の自分に戻るということは、理性とか理屈とか世間体の世界から、感性の世界に戻るということでもあります。そういう本音の自分に戻ったとき、この人じゃ無理ということが往々にして起こり得るのではないでしょうか？

一般的に一度目とか若いときにした結婚というのは、「偽りの自己」が選んだ相手との結婚になりがちです。

女性ならしっかり家庭を守ってくれそうとか、場合によっては政略結婚とまでいかなくても、この人と結婚したら出世の足しになるなどという計算で結婚する人もいるでしょう。

あるいは、ルックスがいいから結婚するという場合もあるでしょうが、この場合、連れて歩くとカッコいいとかいう世間体を意識していることもあります。

男性なら3高の人がいいということになるのでしょうが、これも生活の安定とか、やはり世間の目を気にしてということが得てして背景にあるようです。

あるいは、親が喜ぶとか、上司が勧めるというのもあるでしょう。

つまり、気が合うとか、一緒にいて楽しいとかいう理由だけで選ぶというケースは決して多くないのかもしれません。

実は、恋愛というのは、大人になってから本当の自分に戻る数少ないチャンスです。理性がぶっ飛び、熱情で突っ走ることがままあります。昔からある駆け落ちなどというのはその典型でしょう。

それが時間の経過で冷めることもあり得るわけですが、このような形で本当の自分が選んだパートナーなら、その後もラブラブということもままあるような気がします。

ところが、このような熱に浮かされたような恋愛は往々にして、周囲が認めてくれないことがあります。

古い話なら家柄が違うとか言われたり、相手の学歴が低いことが問題になったり、女性のほうが年上とか、片方が初婚なのに、もう片方が再婚で子連れとか、相手の過去に悪い噂《うわさ》があるとか、世間の「常識」的な結婚相手と違うと、いろいろと邪魔が入るものです。

逆に高学歴な女性や仕事ができる女性を嫌がる親もいます。

こういう際に、親なり周囲なりの言うことを受け入れて、常識的な結婚をするのが、「大人」と言われたりするわけです。

仮にそうでなくても、若い頃の結婚というのは、人間が未成熟だったり、社会的な価値観を周囲に言われなくてもつい意識してしまうものなので、相手と本当に気が合うかとか本当の自分にとって相性がいいかなどは二の次にされがちです。

つまり、一度目の結婚、若い頃の結婚というのは、「偽りの自己」が選ぶという要素が強くなりがちなものなのです。

「つかずはなれず婚」や別居も選択肢の一つ

ところが、会社とか、組織とか世間的な枠組みからはずれ、なおかつ四六時中、夫婦で一緒にいる機会が増えてくると、そういう本当の自分が求めるもののほうがはるかに大切になってきます。

そこで夫婦ともども関係性を見直す必要がでてきます。

本当の自分とは限りませんが、長い夫婦生活の中でお互いがわかり合い、配偶者と一緒にいるときがいちばんほっとするとか、話が合うとか、一緒にいると楽しいとか、昔と変わらずラブラブだというのなら、そのまま夫婦関係を継続していいでしょう。

一緒にいて、ストレスとまでは言わないが、四六時中というのはちょっとつらいというのなら、「つかずはなれず婚」と私が呼ぶような生活でもいいでしょう。昼間の時間帯だけは会社に勤めていたときと同じように別々に暮らすということです。あるいは、ルールを決めてお互いに干渉しないということです。

少なくとも、一日のうち何時間かは、本当の自分でいられるような時間を持てる生活が必要ということです。

あるいは、別居という選択肢もあり得るでしょう。

これなら、相手の干渉もかなり小さくなるでしょうし、本当の自分でいられるかもしれません。

さて、外国の人は不思議に思うようですが、ラブラブでないのに、結婚を続けるということにはどういう意味があるのでしょう？

一つは、離婚が面倒だということもあるでしょう。これまでの生活を崩すというのはエネルギーのいるものです。財産の分割など実際的な手間もかかります。

ただ、昔と違って、面倒だからといって気が合わない人と暮らすとしても、その期間が30年ということであれば、一時の面倒くらい経験してもいいという考え方もあるでしょう。

二つ目は、生活や将来への不安です。

年金を分割しても生活できるのかとか、男性の場合は家事ができないといった不安もあるでしょう。今の60代であれば、家事のできる男性も増えているようですが、それができない男性にとっては不安も大きいことでしょう。

ただ、今の人手不足のご時世では、60代なら十分に働いてお金も稼げますし、貯金がない場合は、生活保護という手もあります。本当の自分というのは、世間とか人目から自由になって、生きたいように生きるということですから、生活保護を恥ずかしがる必要はありません。もちろん、それでは足りないという場合は稼ぐ手段を考えないといけませんが、無理に夫婦生活を続けていれば、かえって好きにお金を使えない可能性もあります。

家事の不安も昔よりはだいぶ軽減されています。食事は冷凍食品がびっくりするくらいおいしいし、一人向けのお弁当や惣菜《そうざい》も買いやすくなっています。掃除なども家事代行を比較的リーズナブルなお金で頼めるし、私のように本当の自分としては、部屋が片付いていないほうが落ち着く人間もいます。

三つ目は、孤独への不安です。

ただ、これも案ずるより産むがやすしというか、実際、一人暮らしになると慣れる人が多いようです。実際、一人暮らしの高齢者のほうが、家族と同居している高齢者より自殺が少ないというデータもあります。女性などはとくに一人暮らしに強いようです。

ということで、**本当の自分に戻るためのプロセスとして、熟年離婚を積極的に勧める気はありませんが、十分に考慮に値する選択肢とは言えそうです。**

一度目や若いときの結婚が、「偽りの自己」が選んだものだからダメというつもりはありません。

また、「偽りの自己」が、いろいろな意味で成功者になった場合に、それがペテンだとかフェイクだと言いたいわけでもありません。

高い学歴が得られたとか、出世競争で勝ったとか、子どもが希望通りのキャリアを得たとか、そういうことを喜ぶのは、「偽りの自己」と言い切れないところがあります。

小さな子どもでもゲームなどで勝つと嬉しいものです。この場合、「偽りの自己」

というより、本当の自分が喜んでいることのほうが多いでしょう。

世俗的な成功も、「偽りの自己」だけでなく、本当の自分も喜べるものです。

ただ、受験競争も出世競争での勝ち負けも、定年になればわかるように、一過性の勝ち負けにすぎません。本当の自分で生きる年代になってからも、「偽りの自己」の時代の勝ちにしがみついたり、それを威張《いば》っているようだと、同類の人には支持されるかもしれませんが、やはり心からの友達をつくる、本当の自分の友達をつくることの邪魔になりそうです。

財産はある程度はあてになるかもしれません。ただ、それも自分がやりたいこと、楽しみたいことに使わないと、本当の自分が喜ぶとは思えません。お金を持っているだけでは、「偽りの自己」の人は寄ってくるかもしれませんが、お金を使って楽しませることができないと、本当の自分で生きている人は寄ってこないでしょう。

財産を増やすことより、それを使って楽しむことが本当の自分の時代の生き方だと私は信じています。もちろんゲームとしてデイトレードなどが楽しくて仕方がない人は、その生き方も素敵だとは思いますが……。

要するに前のゲームで勝ったからと言って、今、新しいゲームが始まっていることを忘れてはいけないのです。

本当の自分でいられる人生のパートナーを探す

ということで、偽りの人生の頃に選んだパートナーが、残りの人生を一緒に送るために合わないと思った場合、**私は別のパートナーを選ぶことをお勧めしたいと思います。**

いろいろとややこしいことを避けるなら、離婚してからのほうがいい気がします。そうなってからであれば、スマホが使える人ならマッチングアプリも使えるでしょう。

実際、びっくりするほど60代、70代の人が使っているそうです。

あるいは、私は男子校の出身なので、羨《うらや》ましく思うものに、同窓会での再会というものがあります。

実際、若い頃モテモテで遊びまくっていた医学部時代の同級生が、私が離婚してさびしくしていたときに、同窓会で出会った女性と、ものすごい幸せな新婚生活を送っていると嬉々《きき》として話してくれたことを覚えています。

長い人生を生きてきて、本当に気の合う人と出会えた喜びはひとしおのようです。

一回目の結婚が、社会生活をうまく過ごし、子育てという共同作業を成功させるものだとすれば、**二回目の結婚というのは、本当の自分が、一緒にいて喜べるパートナーと共に暮らすということなのでしょう。**

一回目の結婚のときは、子ども中心に生きているので、なかなか夫婦だけでの食事や旅行もままならなかった人も多いかもしれません。

そういう点では、私も何組か知っているのですが、子どもがいない夫婦のほうがカップルらしい関係になるような気がします。子どもがいなければ、合わなければ離婚ということも難しくないので、本当の夫婦関係の人が残っている場合が多いのでしょう。

もちろん、子どもが大きくなったり、独立したりして、やっと夫婦だけの暮らしができるというケースもあります。私が考えているより多いのかもしれません。

いずれにせよ、**本当の人生をスタートさせたら、本当の自分でいられるような、パートナーの有無は重要なファクターになる**はずです。今の配偶者が、それに当たるなら、ラッキーだと思って、これからはもっと外食したり、旅行したりを思い切り楽しむべきでしょうし（お金の限度もあるでしょうが）、**そうでない場合は、夫婦関係を清算しても探すというのが私の提言**です。

それが本当の人生をずっと充実させてくれることでしょう。

成人した子どもの心配をやめ、自分のために生きる

夫婦は前述のようにリセットできる（なかなかハードルが高いかもしれませんが）わけですが、親子関係だけは切れないものと言えるでしょう。

老後は、本当の自分に戻って、恋多き女性になりたいとか、放浪してみたいとか、放蕩《ほうとう》と言われるようなことをやりたいとかいう場合、あるいは、ホワイトカラーだった人が肉体労働をできる歳までやってみたいと思ったときに、離婚をしたら、誰も邪魔することはできないでしょう。そして、そのような自分を好きになってくれるパートナーを探すことだってできます。

ところが、そこで最大の障壁になるのは、やはり子どもの存在でしょう。

偽りの人生の価値観に沿って、子どもが成功者になった場合は、よけいにそんなカッコ悪いことをするなという声が聞こえてきそうです。

私の造語に「金持ちパラドックス」というものがあります。

死別であれ、離婚であれ、独り者になった際に、たとえば、近所のスナックのママさんのような人と気が合って、その女性と再婚したいと言った場合に、自分に財産がない場合は、たぶん、子どもたちは祝福してくれるでしょう。

ところが同じようなシチュエーションで、かなりの額の貯金があるとか、家を売れば数億円になるというようなケースだと、子どもは「財産目当てに決まっている」と大反対をするということが多いようです。

そして、多くの場合、子どもに押し切られて結婚をあきらめます。

つまり、お金持ちの人のほうが幸せになれないわけです。

これを私は「金持ちパラドックス」と呼んでいます。

ここで、どんなに子どもに反対されても結婚したらどうでしょう。

本当の自分が選んだパートナーなので、気が合う可能性は高いでしょう。貯金を自分のために使おうと思えば、その人と、いろいろとおいしいものを食べ、あちこちに旅行に行って、「金を貯めておいてよかった」と心の底から思えるかもしれません。

つまり、子どもの意向を気にしたり、子どもに好かれなくていいと思えれば幸せになれるのです。

本当の人生では他人の目を気にするなと何度か書きましたが、実は、子どもの目も他人の目であることには変わりありませんし、いちばん強力な他人の目かもしれません。

日本の場合、いくつになっても子どもは子どもと思っているし、いつまで経っても親でいたいと思う人が多いようです。そして介護は子どもに頼るなどという人もたくさん残っています。

だから、子どもがとっくに成人しているのに、定職についていないとやたらに心配したり、いつ結婚するのかと気にやんだり、子どもの出世が遅いとか、職場でいじめにあっていないかなどを心配したりするわけです。

きわめつきは８０５０問題と言われるものでしょう。

50歳の子どもの引きこもりを80歳の親が面倒を見るというパターンです。

自分が会社勤めをしていたり、社会生活を営んでいる間であれば、これも日本の特殊性なのかもしれませんが、子どもがなんらかの問題を起こせば、親のせいにされたり、会社にいづらくなるなどということはあるでしょう。

でも、親がそこから離れたのであれば、たとえば、よほど世間を騒がすものでなければ、子どもがずっと仕事をしていなくても、多少の犯罪行為をしたとしても、自分の人生に影響はないはずです。ましてや、ずっと結婚をしないとか、ずっとまともな職業についていなくても、多少は陰口をたたかれるかもしれませんが、気にするような実害はないのです。

要するに、必要以上に親が子をかまうこともないし、親が子の意向を気にすることはないのです。

親が好きに生きることを子が嫌がって、最悪、絶縁状態のようになっても、孫に会えないなどの寂しさはあるかもしれませんが、それと引き換えに本当の自分でいられるとか、自由を得られるというメリットもあるわけです。

どちらかを選べと言われるとつらいところがあるかもしれませんし、中途半端かもしれませんが、多少の妥協をしても子どもとの関係をつないでおくという選択肢もあるかもしれません。仮にそうであっても、これは妥協できるとか、ここは譲れないというところを決めておかないと、真の人生とは程遠いものとなるでしょう。親自身が人目の奴隷にならないということを決めるのですから、子どもの世間体のために生きるなどもっと必要のないことだと知っておいていいと私は言いたいのです。もちろん、子どものほうが拍子抜けするくらい理解があることだってあり得ます。

少なくとも、一度は、自分の本当の人生の生き方について、お互いが一人の人間として（つまり親と子という関係性でなく）、フランクに話し合うことがあっていいと思います。

孫を可愛がる人のいいおじいちゃん、おばあちゃんになることが本当の自分だという人もいるでしょう。それはそれで選択です。**要するに子どものために生きるのをやめて、自分のために生きよう、と言いたいのです。**

親についても同じことが言えるでしょう。**親の介護などのために本当の自分を殺してしまうのは、あまりにもったいない**と思うのです。

本当の自分が親を大事にしたいという気持ちを殺すことはないのですが、**自分のや**

りたいことを捨ててまでというのなら、私は介護のプロに任せたほうが、最終的にはお互いにハッピーになれるということを、老年精神科医の経験から言っておきたいと思います。

ストレスかどうかを基準にして、人づきあいを考える

配偶者との縁を切るとか、子どもとの関係を見直すとか、かなりハードルの高いことを書いてきました。私としては、偽りの人生とか、社会的な人生を終え、自分のために生きる時期がきたとき、昔よりはるかに長い、20年から30年の人生が残されているわけですから、がまんや妥協や束縛がストレスになるのであれば、それがこれからずっと続くよ、と言いたいわけです。会社生活だって、がまんしてきたのだから、やはり勝手を知った相手である配偶者や子どもとの関係を続けていたいと思うのなら、その程度のがまんであれば耐えられるのなら、それもありだと思います。

ただ、老年精神科医という仕事を長くやっていると、歳をとるほどストレスの悪影響は大きく、免疫機能が下がって、がんになりやすくなったり、感染症にかかりやす

くなったり、それが重症化しやすくなったりするのは事実です。あるいは、ストレスでうつ病になることも若い頃より多いし、最近の研究では心・脳血管障害や高血圧、糖尿病のリスクを高めることもわかっています。要するに歳をとるほどストレスが身体や心に与える害が大きくなることは知っておいていいと思います。

そういう意味で、ストレスになるような人間関係は、切れる限り切ったほうがいいでしょう。

社会生活を送っていた時代は、会社の人間関係など、多少ストレスフルでも切りたくても切れないものが多々あったと思います。

社会生活を離れた後も、近所づきあいとか、昔の仲間とか、切りにくい関係はあるかもしれません。

でも、それが疲れるとか、ストレスに感じるのなら、本当の人生に入ったときがいいチャンスなのですから、切っていいのではないでしょうか？

近所づきあいが、押し付けがましかったり、暗黙のルールを押し付けられて疲れるのなら、切ってしまったところで、せいぜい近所で変人扱いされるくらいでしょう。

その押し付けがましい人を実は嫌がっている人がいれば、その人だけは声をかけてくれるかもしれません。

会社をやめて、あるいは、ママ友が去っていって、昔の仲間たちと離れてしまうと孤独に陥ってしまい、再びその人たちの中に入っていくと、会話がかみ合わなかったりして、合わせるのがストレスなんてこともあるでしょう。

確かに昔の仲間と会っていれば、その頃の自分に戻れて、普段と違う幸せな気分になれることもあるでしょう。まさに本当の自分に戻る体験ができる人もいるでしょう。

一方で、これまで生きてきた人生が違いすぎて、合わせるのに苦労するということもあるでしょう。

自分が運よく成功者になっているのに、うまくいかなかった相手に気を使うのが疲れることもあれば、相手が成功者になっていて、そのレベルについていくのが大変ということもあるかもしれません。

本当の自分としてつきあいたいのに、相手が「偽りの自己」の世界を引きずっていて、社会的な成功を自慢したり、子どもの学歴をひけらかしたり、逆に、こちらに余計な嫉妬をしてくることもよくある話です。

そういう関係を無理して続ける必要もあるかもしれません。

しかし、残りの人生は長いのですから、こちらが引きこもってさえいなければ、絶対とは言いませんが、かなりの確率で、気の合う人間とか、この人といると楽だ、一緒にいて楽しいという人間と出会えるような気がします。インターネットの時代だからなおのことでしょう。

とくに配偶者や子どもとの関係を維持している人は、無理な人づきあいは必要ありません。

配偶者と離別や別居を選んだ、子どもとの関係が疎遠、子どもが結婚してからほとんど連絡を取らなくなったというような人の場合、孤独にはなりたくないから、どんな人間関係でも維持しておきたいと思う人もいるかもしれません。

それで適当に合わせている人間関係でも、それなりに楽しめるなら、ある種の娯楽のようなものですから、わざわざやめてしまえとは言いません。

要するにそれが**ストレスかどうかを基準にすればいい**のです。

そういうつきあいから家に戻って一人になったほうがずっと楽なら、あなたは孤独に強いということでしょうし、そのつきあいがしんどいわけですから、無理に続ける必要がないということでしょう。

要するに、「偽りの自己」だったときの感覚での人づきあい、つまり**偽りの人づきあいはやめていいというのが私の提言**です。

一人でいいから、なんでも話せる「身内」や親友をつくる

疲れる人づきあいはやめてしまえと提言しましたが、人嫌いになれと言いたいわけではありません。

本当に気の合う人間とつきあおうというのも、本当の人生をうまくいかせるコツと言えるかもしれません。

気が合うというのは、もちろん、その人と話していると楽しいとか、わかってもらえる感覚がある人、ということになるでしょう。

精神分析の発達理論では、親以外に初めて、自分の秘密が話せる相手が親友なのだという考え方があります。

思春期以前の小児期では、子どもは原則的になんでも親に話します。

ところが、思春期になると、たとえば初めて自慰をしたとか、エロ本を隠し持つとか、親に言えない秘密がでてきます。そんなときに、この人ならわかってくれるとか、この人なら受け入れてくれると思えて、自分の秘密を他人に初めて話せる人間が親友というわけです。

これによって、親子一体化の世界から抜け出して、親友から少しずつ友達を増やしていくというのが、精神分析的な人間関係の発達のモデルです。

大人になってからも、この人となら何でも話せる、何を話しても非難されないという相手が必要です。コンプライアンスが厳しくなって、うかつなことを言うと、セクハラだとか差別だとか言われかねない世の中ならなおのことでしょう。

実は、アメリカでは、その機能をカウンセラーや精神科医が担っています。奥さんに、専業主婦になってほしいとお願いするだけで、性差別者と非難されたり、離婚理由にされたりする国なので、家族でもうかつなことは言えません。

ところが、精神科の診察室では、精神分析以来の伝統で、自分が思ったこと、感じたことは包み隠さず話さないといけません。それがメンタルヘルスによい効果をもたらしているのは確かなことです。ただし、アメリカのような国では、アッパーミドル以上の人でないとこのサービスは享受できないのですが……。

日本の場合は、家族にならなんでも話せる人はいるでしょう。でも、そうはいかない人がいるのも確かです。

そのときに親友的な人間の存在が大切になってくるわけです。

会社内での愚痴なら、それを居酒屋などで聴いてくれる人がいて、それがピアカウンセリングのようになっているのでしょう。

ただ、これまで愚痴を聴いてくれた会社の同僚とは、定年や引退で別れることになります。ここで会社をやめてからもこのような親友関係を続けられるのなら、それは本当の人生の大きな助けになるでしょう。

その関係が切れてしまった場合、新たに「親友」をつくるのが賢明です。

『嫌われる勇気』で日本でもすっかり有名になったアルフレッド・アドラーの考え方に、「共同体感覚」というものがあります。

その共同体にいる人に何か役立つことをしてあげたい、人のために生きられるようになりたいという感覚が共同体感覚というのですが、それがなぜ嫌われる勇気と結びつくのかしっくりこない人もいるでしょう。

これは、日本語で言う「身内」というものを考えるとわかりやすいと思います。身内と思っている人に対しては、困っていたらなんとかしてあげたいと思うことでしょう。

身内が悪口を言われていたり、ひどい目にあっていたりすると、自分のことのように腹が立ちます。

逆に身内だと感じている相手にならなんでも言えます。前述のようにセクハラと言われかねない言葉や差別的な発言も、許してくれるだろうという感覚が共同体感覚です。

さらに、相手に対して不快に思っていることや意見の違うことでも、言って大丈夫と思えるのも共同体感覚です。つまり、この人なら嫌われるようなことを言えるというのが共同体感覚なのです。

つまり、**共同体感覚が確立すると嫌われるようなことが言える勇気が持てる**のです。

アドラーは、それをはっきりとは言っていませんが、**承認欲求や人目の奴隷になるなということはさんざん言っています。共同体感覚の共同体というのは、そういうものから自由になれる場なのです。**

これは逆も言えるのではないでしょうか？

嫌われるようなこと、嫌われるかもしれないことを相手に言っても、それが大丈夫なら、相手のことを親友だとか、身内だとか思えるということです。

つまり、嫌われる勇気を持って相手に本音で接し、相手が間違っていると思うことについては堂々と言うことで、相手が身内なのか、こちらが言うことを聞いているからつきあってくれているのかがわかるわけです。

本当の人生を生きるのなら、そういう身内とだけつきあっていればいいと私は考えています。遠慮がいらないから本当の自分を出せる。代わりにそれが行きすぎていたり、間違っていたら、それもはっきり言ってもらえる。こっちも言いたいことが言える。そういう世界が共同体です。

気が合うというのも、完全に気が合うというのは幻想だと思っていいでしょう。ときどきけんかもするし、意見の合わないところもあるけど、やっぱりこいつは信頼できるとか、お互い言いたいことを言い、本音で接しているのだから、ときどき合わないことがあったって当たり前だと思えるのが、身内の世界であり、共同体の世界なのです。

逆に、完全に気が合うという幻想を守るために、相手に合わせるのでは本末転倒です。

いずれにせよ、**一人でいいから、そういう身内、そういう親友を探すことができれば、とても楽な人間関係の世界で生きていけるだけでなく、一定以上道をはずしそうになれば**（私も自由に生きろというのはなにをしてもいいとは思っていません）、**それを修正してもらうことも可能になるのです。**

人に頼ることで本当の人間関係が構築されていく

嫌われてもいいから言いたいことを言って、相手の反応を見るというのが、本当の親友のリトマス試験紙のようなものだと話してきたわけですが、**もう一つの共同体感覚のリトマス試験紙になるのが、相手に頼ってみたときの反応です。**

アドラーの共同体感覚というのは、自分のためだけに生きるのでなく、他人のためにも生きたいという感覚です。

たとえば、ものすごく親しい人が、会社が倒産したとか、失業したという場合、たいしたことはできなくても少しは力になってあげたいと思うような感覚です。逆に、それほど親しくない間柄だと、かわいそうだとは思っても、そこまでする気にはならないでしょう。

歳をとってくると、友達が配偶者を亡くして落ち込んでいるとか、脳梗塞になって片麻痺《まひ》になったとか、ボケ始めているらしいとか、いろいろな不幸に見舞われている話を聞くことがあるでしょう。

そういうときに、やはりなんとかできないかなと思うようなら、その人に対して共同体感覚が生じていると考えられます。

逆に、こちらが本当に苦しいとき、つらいときに、親友だと思う人に素直に頼ってみて、むこうが喜んで受け入れてくれるなら共同体感覚が生じている身内とみなしていいということになります。

本当にどうしようもなくなって、誰かに泣き付いたときに、「なんでもっと早く言ってくれんかったんや、水臭いな」というような感じで諭《さと》されるわけです。

身内と思っている人間であれば、困ったら泣き付いて当たり前と思っているので、逆に泣き付かないでいると、自分のことを信用していないのかと思って不満に感じるからそういう言葉が出るのです。つまり、素直に頼ったほうが人間関係がよくなるということです。

少なくとも、**人に頼ることで、相手が本当に身内の人間かがわかるのは確かでしょう。**

歳をとってくると人に頼るようなことが増えてきます。そういう際に**素直に人に頼ることで自分も楽になるし、本当の身内かどうかもわかります。そして、本当の身内でない人間とは、無理をしてつきあう必要はありません。**

逆に、**自分に頼ってきた人が、本当の自分の気持ちとして助けてあげたいと思うような人なら、できる範囲で助ける。**そうやって本当の人間関係を築いていくのが理想だと私は信じています。

SNSで本当の自分をさらけ出すと気が合う人と巡りあえる

さて、親友をつくるとか、身内と思える人と仲良くするとかは、たとえば定年後は、とてもハードルの高いことに思えるでしょうし、相当、濃密な関係を想像されることでしょう。

私はそれほどSNSをやるほうではないのですが、いろいろな人にお誘いを受けてfacebookをやっています。

実際に会ったことのある人しか友達にならないようにしているのですが、学生時代に雑誌のライターをやっていたり、27歳から本を出すようになったため、今年64歳になる自分より年上の編集者の知り合いがたくさんいます。そういう人たちが、時間に余裕ができて書いている文章は読みごたえがあります。

これらの文章の中には、もう社会生活を離れたためか、誰にも忖度《そんたく》しない、怖いものなしだったり、本音をぶちまけるような（と言いながら文章が上手なので読ませるのですが）ものもあります。

炎上を恐れて、コンプライアンスもきちんと守っているような文章とは全然違う面白さもあるのです（ただ、ウヨクの編集者とか元編集者のものは生理的に合わないのですが）。

私は、**本当の人生において仲間を探すのに、こうしたSNSは強力な武器になると**思っています。

ブログのほうが検索に引っ掛かりやすいかもしれません。

コロナ禍の過度な自粛に腹を立てて、「あんなものはただの風邪」と死亡率などを根拠に書く人もいます。高齢者の交通事故を擁護する人もいるし、ロシアやハマスの味方のように思われても仕方がない文を書く人もいます。

私が言いたいのは、人の言わないようなこと、人に嫌われかねないことを言うと、バッシングを受ける代わりに、本当の味方がわかる可能性が高いということです。

もちろん、こういう政治的な内容だけでなく、いい歳をして若い人が（犯罪になるようなことはまずいのですが）好きでたまらないとか、コレクションのフィギュア自慢を思いきりしたいとか、どこのフーゾクが面白いかを人に話したいとか、ホスト通いの魅力を語りたいといった、周囲の理解を得られないような本当の自分からの声をＳＮＳを通じて投げかけてみると、同好の士からのありがたい反応があるかもしれません。

いずれにせよ、自分が本当の人生を踏み出すのであれば、「偽りの自己」でない、本当の自分をＳＮＳでさらけ出して、それでもお前とは気が合うという人を探し、そういう人とつきあうというのがＩＴ時代の人づきあい、そしてこれまでとは別の世界での、本当の自分になれる人づきあいと言えるでしょう。

もちろん、趣味とか趣向とかは一致しても、意見や考え方が違うこともあり得ます。

その場合、お互い本音で言いたいことが言えるのだから、多少違うところがあってもいいと、言いたいことを言う関係を続けてもいいし、ほかを探すということもSNS上のつきあいならやりやすいでしょう。

あれこれと試しているうちに、本当の友達が見つかるはずだというのが私の信念です。

ITよりAIのほうが高齢者向き

さて、ITの次にAI（人工知能）の時代がくると言われて久しいですし、もうその時代がきているのかもしれません。

私の見るところITとAIの区別がついていない人が多い印象です。

高齢者に関しては長い間IT弱者とみなされてきましたし、デジタルデバイド（情報格差）などという言葉も生まれ、高齢者の間でもITを上手に使いこなせる人とそうでない人の格差が大きくなっていると言われています。

しかし、これはかなり解消されてきていて、60代の93%、70代の79%がスマホを所有しているという統計があります（モバイル社会研究所、2023年3月）。PCに関しては60代で約5割、70代だと3割程度です。

さて、高齢者はスマホやPCになじみにくいと言われているわけですが、高齢者はこれまでできてきたことは、そのまま能力が維持される傾向にあるので（ただし、これをやめると如実に能力が落ちます。高齢者から免許を取り上げるのに私が反対するのはそのためです）、もともと仕事でPCを使っていた人や、現役時代からスマホを使っていた人はなんの抵抗もなくIT機器が使えます。

逆に新しくやり方を覚えるのは、前頭葉の機能や記憶力が落ちているので苦手になります。

そういう意味で、今の60代が70代、80代になる頃にはデジタルデバイドは相当解消されているはずです。

もう一つ申し上げたいのは、**ITというのは道具なので、やり方を覚えないといけないものなのですが、AIは機械のほうで考えてくれるので、道具の使い方を覚える必要がどんどんなくなっていく**ものです。

たとえば、ＡＩ搭載の自動運転の自動車では、「自宅に帰りたい」と言えば、自宅の住所を言わなくても、勝手に考えてくれて、そこまでの最短の道を割り出して、連れていってくれます。もちろんいろいろな操作は不要で口頭命令だけでことが済みます。たとえば、信号も検知してくれますし、子どもが飛び出してくれば、ブレーキを踏んでくれたり、避けてくれたりします。

つまり、**ＩＴよりＡＩのほうが高齢者に向いている**のです。

さて、チャットＧＰＴという言葉を聞いたことがあるでしょう。

さまざまなＡＩのうち、生成ＡＩといって文章や画像などを生成できるものがあります。

チャットＧＰＴというのは、その生成ＡＩの一種で、人間の言葉を理解し、人間の言葉に返事ができるチャットサービスです。

メディアアーティストの落合陽一さんによると、ＡＩの国語力が２０２３年に人間に追い付いたそうです。

つまり、チャットＧＰＴに話しかけると、普通の人間がするであろう回答が得られるということです。

つまり、さまざまな悩みを相談したり、愚痴をこぼしたりすると、人間並みか、それ以上の答えを返してくれるということです。そしておそらくは、こちらを傷つけたり、よけいに落ち込ませるようなヘマはやらないし、こちらの真意が伝わらないこともそうはないでしょう。

ならば、あえて人間の親友なんてつくらなくてもいいという考え方もできます。

ＰＣやスマホに話しかけるのは味気ないと感じるかもしれませんが、今後は、もっと進歩することは容易に予想できます。

この手のＩＴとかＡＩの進歩はこちらの想像以上に速くなっています。今、試しにチャットＧＰＴをやってみて、回答がつまらなかったとしても、1年後、2年後にはレベルアップしているでしょう。

もちろん、これを音声で聞くにしても、私たちが想像するようなロボットのようなイントネーションではありません。人間以上に流暢《りゅうちょう》に、たとえば福山雅治さんのような声で語りかけてくれるかもしれません。

さらにＡＩを積むロボットも進化していくでしょう。

約20年前に愛知県で行われた「愛・地球」博の際には、二本足で動けるロボットや受付のできるロボットが稼働していましたが、おそらくはそう遠くない未来に、介護や料理をしてくれるロボットもできるでしょう。

そして、さらに進化した３Ｄプリンターを駆使すれば、好みのタレントにそっくりで、人間のようにスムーズに動けるロボットもつくれることでしょう。

それがどんな悩みにも答えてくれるし、眠れない夜はいつでも話し相手になってくれるのです。

それで満足できる人は、けっこういるような気がします。

それ以上に、料理も掃除も介護もしてくれるのであれば、無理に配偶者を持つとか、子どもの機嫌をとる必要は確実になくなります。

多少なりとも嫌われても、最後はロボットが自分の味方になり、世話をしてくれると思えば、現実の人間関係で妥協の必要がなくなるのではないでしょうか。

そういう近未来は、そんな先の話ではないように思えてなりません。

少なくとも、それが信じられれば、もう少し気楽に本当の人生を送れるのではないかと思います。

第4章

自分の声に従う生き方

動けなくなる前に自分のやりたいことをやる

私自身、今年（２０２４年）で64歳になるのですが、このくらいの年齢になると残りの人生がどのくらいあるのかを考えることがあります。

あと、どのくらいおいしいものを食べたり、おいしいワインが飲めるのかとか、あとどのくらい行っていないところに行けるのかなどを考えるのです。

この場合、残りの人生というのは、死ぬまでの期間ではなく、ちゃんとおいしくご飯が食べられる期間や、ちゃんと旅行に行ける期間のことを指します。

高齢者をたくさん見ていると、歳をとって油っこいものが食べられない人とか、ちゃんとした量の食事が食べられない人がけっこういることがわかります。

旅行も同じことです。

この間、初めて香川県の金毘羅《こんぴら》様に行ったのですが、５年後にあの階段を上りきる自信がなかったので、たまたま通りがかっただけなのですが、スケジュールを変更して、上ることにしました。

別の旅行の際には、温泉に入っているとき、立ち上がれなくて、孫と思《おぼ》しき人に引き上げてもらっているおじいさんを見ました。

旅行というのも、足腰が元気なうちに行かないといけないものなのだと痛感しました。

今年の末に弟が定年になるそうなので、富士山登山ツアーの予約をとってもらったのも、今がラストチャンスのように思えたからです。実は、私は心不全の持病もあるので、ほかの人以上に登山ができなくなる年齢が早まる可能性が高いのです。

最近はたまたま本が売れているので、高いワインを買いあさっています。

これも飲めるうちに飲まないと、という焦りからです。

私がかねてやりたいと思っている映画製作の資金もなかなかできませんが、やはりまだクリエイティブでいられる間に撮りたいとも思っています。

なにが言いたいかと言うと、**人生には限りがあるので、自分のやりたいことはできる間にやらないと後悔が残る**のではないかということです。

そして、それは平均余命のようなものではなく、自分がそれをできる余命を数えたほうがいいと私は考えています。

たとえば、自分の本当の人生でやりたいことが、乗り鉄であれ、ラーメンの食べ歩きであれ、できる限りエッチをしたいというのであれ、推《お》し活であれ、追っかけであれ、できる年月には限りがあることを自覚しないといけないと思います。

こう考えたときに気づいてほしいのは、たとえば動けなくなったら、そんなにお金がかからないということです。

趣味や遊びに使うお金と比べたら、介護施設に入ってかかるお金など知れています（もちろん一部の人にとってはバカにならない金額ですが）。身体が不自由になってからは豪華な施設は必要ないので、民間のものでもおおむね年金の範囲で入居できますし、最悪、貯金を使い切って生活保護になっても、公的な介護施設には入れます。

ということで、自分が元気なうちに貯金を使い切っても、あるいは家を売ったお金を使い切っても、というように、本当の自分がやりたいことにお金を使ってしまっても大丈夫なのです。仮に思ったより元気な期間が長ければ、何年間かは年金の範囲内で質素な生活をしないといけないでしょうが、お金のかからない楽しみはいくらでもあります。

確かに**定年後や引退後の人生は20年から30年は当たり前にあるのですが、元気で体力のある時期は思ったより長くないという現実も忘れてはなりません。**

それを考えて、本当の人生を実行に移し、資金の試算をしないといけない、私はそう考えて、それを始めているのです。

その自己決定を定年前後、引退前後にしないといけないというのが私の考えなのです。

医者の言うことを受け入れるか否か、自己決定をする

私は**本当の人生において、大切なのはどのように生きるかの自己決定**だと考えています。

遊んで暮らそうとか、世間に名を残したいと思うとか、賢い人間になりたいとか、素敵なパートナーを見つけて幸せだと思えるように暮らすとか、いろいろな生き方があるでしょう。一つでなくてもいいのですが、選択はしないといけません。

その中で**重要な選択になるのが、とにかく長生きを目指すのか、少しくらい長生きできなくてもいいから好きなように暮らしたいと考えるかの選択**です。

この10年から20年の間に定着した考え方に、尊厳死というものがあります。

延命治療を求めないという自己決定をして、尊厳のある状態で、自然に近い形で死にたいという考え方なのでしょう。

ただ、老年医療を長年やってきて、あるいは、医者というものを長年やってきて、死ぬ間際には、本人の意識がないことがほとんどで、いろいろな延命治療はそれほど苦しいものではないし、本人がつらい思いをそんなにするものではないというのが実感です。

要するに、尊厳死というのは、周囲から見て、かわいそうな状態だからとか、お金の無駄だから治療をやめようというような形で決められることが実情です。

もちろん、意識や判断力がしっかりしているときに表明し、終末期にそれを実行してもらうということなのでしょうが、人間というのは、理屈通りでない生き物のようで、よく寝たきりになってまで生きていたくないと言う人がいますが、いざ寝たきりになってみると、もっと生きていたいとか、それでもにこやかに食事を食べる姿などを見ることがあって、やはりなってみないとわからないものだと痛感します。

あるいは、認知症というのも「認知症になったら安楽死」などと過激なことを言う人もいましたが、私の経験から言わせてもらうと、認知症になってからのほうが死ぬのが怖くなるようです。

実際、私の患者さんで徘徊《はいかい》する人はかなりの数でいるのですが、家に帰ってこられない（最終的にはみんな見つかりましたが）人はいても、徘徊中に車にはねられた人はいません。やはり怖いので上手に逃げるのでしょう。

だから早いうちから延命治療はやめてくれという意思の表示に、どのくらいの意味があるのかわからないのです。

ただ、一方で、現代医学というのは、所詮《しょせん》は延命治療だという感覚はあります。

たとえば、血圧の薬を飲み、酒をやめ、塩分を控えても、死ぬのが遅れることはあっても、死を避けることはできません。さらに言うと、日本では医者の言うことを聞いた人とそうでない人で、どちらが長生きできるかという大規模比較調査もありません。欧米のデータをもとに医療によって長生きできると言っているだけで、体質も食生活も違うので、どこまで信じていいのかはわかりません。

ということで、私は、これからの食生活とか、生活習慣とか、服薬については、医者が決めるのでなく、自己決定をしていいと思っています。

たとえば、血圧が高い人に関して、高いままのほうが頭が冴《さ》えるという人は珍しくありません。高齢になるほど、誰もが動脈硬化が進み、血管の壁が厚くなるので、ある程度以上血圧が高くないと脳に十分な酸素がいかないからです。

その場合、多少寿命が短くなっても頭が冴えているほうがいいのか、薬を飲んでだるい状態が続くが長生きの確率が高いほうをとるかは（前述のように、これがそれほどあてにならないのですが）、自分で決めることです。

塩分を控えろと言われて味気のないものを残りの人生食べ続けるのか、多少寿命が短くなる可能性があっても、自分の食べたい味付けのものを食べるのかも、自分で決めることでしょう。

お酒をやめるとか、タバコをやめるとかも、自分で決めていいことです。

本当の人生における自己決定というのは、自分が本音で生きたいように生きる自己決定です。

本当の自分が、どんなことをしてでも長生きしたいと本音で思うなら、医者の言うことを聞いてもいいでしょう。ただ、実は統計データと反することを医者が言う（たとえば、宮城県の大規模調査でやや太めのＢＭＩ25～30未満の人がいちばん長生きしているというデータがあるのに、ＢＭＩ22の標準体重を目指せというようなことを言う）場合は、長生きを優先するなら医者の言うことより、統計データにしたがったほうがいいとは思いますが。

本当の自分が、そんながまんをするくらいなら、そこまで長生きできなくてもいいと思うのであれば、医者の言うことは聞かなくていいのです。

もちろん、自分も多少の不安があるので、一部だけなら聞くというのもありでしょう。

たとえば、お酒はやめられないが、減塩しょうゆを使うとか、薬を飲むのならがまんできるので、そのあたりで妥協する（本当の自分であっても妥協することはあっていいと思います）ということはしていいと思います。

あるいは、医者の決めた基準が厳しすぎるので、それをちょっと緩めるという考え方もあります。

私の場合は、血圧が正常まで下がると頭がぼんやりするのですが、元の血圧（最高血圧220mmHg）なら明らかに心不全に悪いので、薬を飲んで170mmHgを目標にしていますし、血糖値も高めでコントロールしていますが、もとが高すぎる（660mg/dl）ので、朝の血糖値を300mg/dlを目標にするような自己決定をしています。それより高い日はちゃんと薬を飲むということです。

もちろん、タバコを吸っているほうがストレスの解消になるし、今さらやめたくないというのも自己決定してかまわないと私は考えています。以前勤務していた浴風会病院に併設した老人ホームでの追跡調査では、ホームに入る年齢までタバコを吸っていた人は、喫煙者でも非喫煙者と比べて生存曲線に差がないというデータもあります。

検査数値の正常化のため、本当の人生の最大の楽しみの一つである食生活とか飲酒とかをやめてしまっていいのかは、本当の人生をどう生きるかのために考えるべきことですし、医者の言うことを参考にして自己決定するのはともかくとして、医者の言いなりになる必要がないというのが私の信念です。

ただ、医者の言うことと自分の希望の妥協点を見出《みいだ》すという考え方はあっていいと思います。私が名医と尊敬する鎌田《かまた》實《みのる》先生は、菅原文太さんの最後の主治医でしたが、膀胱《ぼうこう》がんの手術を嫌がる菅原さんの意思は尊重しながら、放射線治療なら受けるということで妥協点を見出したそうです。血圧の高い患者さんについても、薬が嫌だという場合、生活指導なら受けるというのならそこで手を打ったそうですし、酒をやめるのが嫌と言う患者さんに薬ならいいというのならそこで治療方針を決めたそうです。これが患者と治療者の「共同決定」というものです。

配偶者と今後の生き方の方針が違う場合、別れるという選択肢もありますが、配偶者と自分で共同決定するという選択もあるのです。

自分の気持ちを最優先して自己決定をする

さて、このように医者の言いなりにならず、生きたいように生きるという自己決定をした際に、意外にその妨げになるのが家族だったりします。

たとえば、血圧が高いから薬を飲まないと脳卒中になるよとか、塩分を控えるようにと言われた場合、残りの人生で頭がぼんやりしているのがずっと続くのが嫌だとか、味のないようなものをずっと食べるのは耐えられないと思っても、配偶者や子どもがそれを許してくれないということは珍しくありません。

お漬物の味付けが薄いから、しょうゆをかけようとすると、それを取り上げられたりすることもあります。

家族も悪気があるどころか、むしろこちらを思ってそうしてくれているので、従わざるを得ないというのももっともな話です。

本当の人づきあいの章（第3章）でもお話ししましたが、本当の人生を送るためには、夫婦であっても、子どもとの関係であっても、言いなりにならないで本音で話し合えることが大切です。向こうが生きたいように生きるのを許す代わりに、自分も生きたいように生きるのだと宣言するくらいでいいのです。その中には、健康についての自己決定も含まれるということです。

飲酒を含む食生活は、高齢になってからの人生に意外に大切なものです。老人ホームなどに入ると、食べるだけが楽しみというお年寄りの声を聞くことは少なくありません。

夫婦関係で、それほどの不満はなくても、その配偶者といると、残りの人生で好きなものが食べられないというような場合、離婚とまでいかなくても、別居は視野に入れていいとさえ私は考えています。もちろん、その人と一緒にいるために食べものはがまんできるというのであれば、それもやはり自己決定です。

夫婦や親子でさえ、自由に生きる、本当の人生を生きるうえの抵抗勢力になるのですから、世間の目を気にしだすと、もっと自己決定が難しくなります。

ここで二つ考えてほしいことがあります。

一つは、世間というのは、夫婦や親子と違って、事実上、説得不能だということです。

というのは、ある程度つきあいを絞ったとしても、世間というのは複数人います。

一人、二人わかってくれる人がいても、全員に自分の生き方を理解してもらうのは難しいでしょうし、さらに言うと、もっと不特定多数を意識していると、かなりの人が納得しているようでも、必ず、自分のことを変な目で見る人が出てきてしまいます。

私自身、自分の身体で実験するつもりで、血圧を170mmHgくらい、血糖値を300mg/dlくらいでコントロールしているのですが、医者のサイトなどではボロカスに書かれているようです。

でも、本当は、血圧や血糖値を正常にしたほうが確実に長生きできるとか、いろいろな病気を防げるという、日本人を対象にした大規模比較調査は存在しないのです。

少なくとも、ここに挙げた数値のほうが私の主観的には調子がいいのですから、自分の人生に文句を言われる筋合いはないし、「それでも医者か」と言われる筋合いもないと思っています。

このように自己決定には必ず世間の誰かが文句を言うわけですが、それを気にしているうちは、本当の意味での自己決定は無理だというのが私の結論です。

もう一つは、定年後や社会生活の引退後であれば、世間が眉をひそめるような自己決定をして、たとえば常識とは違う生き方をしたり、ちょっと奇抜なファッションをしても、多少は後ろ指をさされたり、笑われるようなことはあっても、実害はまずないということです。

会社にいるのと違い、上司から注意を受けることもないわけですし、ママ友から仲間はずれにされたりもしません。

確かに、現在では、タバコを好きなところで吸おうとすれば、その場からつまみ出されたり、その煙を吸った人から受動喫煙を訴えられかねないので、そのあたりのマナーは気にしないといけないかもしれません。あるいは、電車の中のような公共の場でヌードグラビアを見ていただけで、セクハラと訴えられかねないくらい厳しい時代にもなっています。

あるいは、ネットで差別的な書き込みをすることも原則許されません。

法的にはあいまいな形で暗黙の規制が多くなっているのは事実ですが、それでも生き方や食べ物、考え方やファッションなどは個人の自由ですし、自己選択できるものです。

もちろん、思い切ったファッションや生き方をして、周囲が「似合うね」とか、「その生き方が素敵だ」と言ってくれるかどうかはやってみないとわからないことですが、仮に周囲から白い目を向けられたとしても、その生き方をやめるかやめないかは自分が決めることです。

世間の目も多少は参考にしていいのでしょうが、やはり本当の自分の気持ちを最重視して自己決定をするほうが、今後の人生を本当の人生にしてくれると私は信じています。

歳をとっても衰えてもそのままの自分を好きになる

誰にも子どもの頃の夢があったと思います。

プロ野球の選手になりたいとか、新幹線の運転手（士）さんになりたいとか、なれる確率も低いし、親や教師から見たら、あまり歓迎されるものではないかもしれません。

小学校高学年以降の夢をかなえることができた人は一定数いるでしょうが、本当の小さな頃の他愛《たわい》ない夢を実現する人はとても少ない気がします。

そして、たまたま勉強ができたから、また世間の評価の高い職業だから、今の職業を選んだ人も少なくないでしょう。

たまたまルックスがよかったとか、紹介者がよかったから、世間がうらやむような結婚ができた人もいるでしょう。

もちろん、そういういわゆる「勝ち組」になれなかったけれど、幸せな家庭を築き上げることができたし、自分の人生にそれなりに満足しているという人もいるでしょう。

あるいは、いわゆる「負け組」になってしまったうえ、いろいろな形で家庭にも恵まれなかったという場合もあるでしょう。

私が申し上げたいのは、家庭生活でうまくいった人もうまくいかなかった人も、引退前などに、**リセットして新しく始める人生が「本当の人生」**と私が呼ぶものだということです。

世俗の価値観などと関係なしに、本当に自分が生きたいように、本当に自分が言いたいこと、やりたいことをすればいいし、本当の夢があるなら、それをかなえればいいということなのです。

たとえば、世間では尊敬を集めていて、家庭もうまくいっているのに、ＰＣに向かって仕事をしていると、ついエロサイトを見てしまうような人がいるでしょう。

そういう際、エロサイトに興奮する自分が、実は本当の自分なのかもしれません。

子どもの頃の夢が新幹線の運転手であったとして、いつの間にか、運転手のような職業を下に見るような職業差別をついしてしまうのに、なぜか鉄道に乗ると気分が沸き立つとすれば、小さい頃の夢のほうが本当の夢なのかもしれません。

医者や家族に言われて甘いものをがまんしていたのに、つい、家族がいないときなどに甘いものの隠れ食いがやめられないという人もいるでしょう。

それだって本当の自分の欲望のような気がします。

最初にご紹介したウィニコットの偽りの自己論でも、上手に「偽りの自己」で生きてきた人でも、ときどき「本当の自己」が出てくるということになっていますし、逆に「本当の自己」がまったく出てこないほうが病的だとされているのです。

残りの人生を「本当の自己」、本当の自分で生きるという自己決定をする際に大切なのは、これまで抑えてきた「本当の自己」を否定しないで、むしろ好きになることだと私は信じています。

スケベな自分も可愛いし、子どものような自分もそれでいい、地位も失ったけど安酒場で酒を飲める相手のいる自分は恵まれている、甘いものをがまんのできない自分は情けないところはあるけど、そこまでして長生きしたくないから、それもよしと思えるといった具合です。

「かくあるべし」通りの自分ではなく、ダメな自分が愛《いと》おしいし、残りの人生はそれで生きたっていいということです。

そしてそんな**ダメな自分を受け入れてくれる人がいるなら、こんな幸せなことはないでしょう。**

肩書があるとか、収入が多いとか、世間が評価してくれるとか、自分の理想像に近いとか、だから自分が好きなのではなく、**無条件に自分のことを自分だけでも好きになってほしいのです。**これも本当の自分なんだと思って、自分が好きになれれば、その自分が生きたいような生き方の自己決定がずっとやりやすくなることでしょう。

ついでに言うと、歳をとるにつけ、いろいろな能力が衰えてきます。

歩けなくなったり、車いすになったり、ちょっとボケてきたりということもあるでしょう。そういう**衰えた自分もやっぱり自分なんだと、嫌いにならないでほしい**のです。歳をとれば当たり前のことで、それで離れていったり、見下すような人は願い下げだと思っていいのです。少しずつ衰えていく自分を嫌いにならず、やはり好きでいることも最後まで本当の自分でいるためには重要な条件だと思います。

もちろん、**当然の権利なので介護保険は受けてください**。介護者の手を借りて生きるなんてとか、車いすを押してもらうなんて情けないと思わないでいいのです。**これまで十分お金を納めてきたのですから**。歩けない赤ん坊に戻ったと思えばいいし、それが可愛いことだと考えればいいのです。

ついでに言うと、前にも書いたように、お金を使い果たしたり、年金が少なかったりで生活保護を受けたとしても、そんな自分を恥じる必要はありません。それだって決して情けないことではないし、金を使うことで国や世の中に貢献したのです。そして、これまで払い続けてきた税金を返してもらっているんだと考えていいのです。もちろん、大っぴらに公言する必要はありませんが、それをバカにするような人もやはり願い下げです。

最後は、**本当の自分で生きたい、そう思って、ちょっとダメな自分を決して否定せずに、ぜひ自分を好きになってください。**

十分な情報を集め、本当の自分の声に従って自己決定したほうが悔いがない

高齢者専門の医者、とくに精神科の医者をやっていると、死ぬ間際に、あるいはだんだん死のフェーズに入ってきたことを自覚したときに、いろいろと後悔の声を聞かせてくださる人がいます。

「あのとき、ケチケチせずに、もっとお金を使って行きたい旅行に行けばよかった」

「子どもの反対を押し切って、再婚しておけばよかった」

「医者の言うことを聞いて、いろいろとがまんしたけど、結局、死ぬときは死ぬんだな」

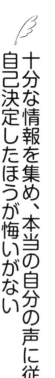

「子どもの面倒をずっと見てきた後、親の介護で私の人生はなんだったのだろう？」といった感じです。

私が、定年後とか引退後、子どもの手が離れた後、本当の自分に戻って、本当の人生を送ったほうがいいと申し上げているのは、そういう悔いを数多く見聞きしているからといっても過言ではないでしょう。

もちろん、人間、すべてが思い通りになるわけではないので、まったく悔いがない人生というのはほとんどあり得ないこととは思いますが、自己決定をしなかったりそれを実行しなかったりして残る悔いは大きいように思います。

つまり、お金がなかったからピラミッドを見に行けずに死ぬというのも、もちろん悔いなのでしょうが、本当は行く金も時間もあったのに、お金を惜しんでしまったとか、自分には贅沢だ（これも「偽りの自己」の声のような気がします）と思って行かなかった、だけど本当は見に行きたかったたという場合は、かなりの悔いになるのではないでしょうか？

間違った自己決定についてもそうでしょう。

子どもに嫌われたくないと思って再婚をあきらめたのに、子どもが結局、自分のことを大して看てくれなかったとか、その後の人生が味気なかったということもあるでしょう。

少しでも長生きしたいと思って、食べたいものも飲みたい酒もがまんし、禁煙もしたのに、末期がんが見つかったというようなケースも珍しくありません。

自己決定が間違っていた（と思える）場合、自分がバカだったと後悔するので、よけいにみじめになりやすいのはわかります。

私がいろいろな本を書くのも、自分の情報が絶対に正しいと言うつもりはなく、私なりに多くの高齢者を見てきて得た情報を、なるべく多くの人に知ってほしいからです。そうすることで自己決定をする際に、少しでも多くの情報を持ったうえで、それを実行してほしいからです。

知らぬが仏と言いますが、確かにがん検診やいろいろな検診をしないことで、自分には病気がないと思っているほうが余計な治療を受けず、ＱＯＬ（生活の質）がかえって上がることは老人医療を行っているとよくわかります。まさに、知らぬが仏です。

その一方で、たとえば自分が要介護になったときに、介護保険を受ければどのくらいのサービスが受けられて費用はどのくらいかを知っているだけで、要介護になったときのために大して金を貯めておかなくても平気なのだということを知っていれば、元気なうちにもっと楽しむことにお金を使えることがわかります。この場合、**「知らぬが地獄」ということもある**でしょう。

あるいは、血圧の薬を飲むとフラフラするのに、医者に「飲まないと死ぬよ（薬は飲んでも飲まなくても、人間が死ぬ確率は１００％なので嘘ではないのですが）」とか、「飲まないと脳卒中になるよ」と言われて、頭がフラフラするとか身体がだるい状態を続ける人がいます。アメリカの有名な大規模比較調査では、血圧が１７０mmHgくらいの人が、血圧の薬を飲んだ場合は、５年後脳卒中になる確率が５・２％なのに対して、飲まない人が８・２％でした。飲んでも20人に１人脳卒中になるとか、飲まなくても９割以上の人がならないということを知っていれば、自己決定が変わる人は少なくないでしょう。

私もいろいろな本で書いていますが、調べてみると医者の言うことが、実は正しくないとか、そこまで健康不安にならなくてもいいというようなことはたくさんあります。

インターネットの時代なのですから、悔いのない自己決定をするために「知る」ことと、「調べる」ことが大切だということは付け加えておきたいと思います。

そして、経験的に言うと（自分が経験してきたわけではありませんが、高齢者をたくさん見てきた経験から）、本当の自分の声や本当の自分の欲望に従ったほうが、悔いのない自己決定ができることが多い、少なくとも周囲や世間や医者の声に従って妥協的な自己決定をするより、悔いがないことが多いということは断言していいかと思います。

自己決定はその場その場で変えてもいい

ということで、十分な情報を集め、本当の自分の声に従った自己決定をしたほうが、充実した、悔いの少ない（ないとまでは言いませんが）本当の人生が送れると私は信じているわけですが、ここで意外に重要になるのは、そういう自己決定は最終決定ではないし、いつでも変えていいということです。

「タバコをやめる」と宣言した人が長続きしないとバカにされたり、自己嫌悪に陥ったりすることが多いようですが、健康のための自己決定を撤回したと考えればいいのです。

一度決めた自己決定というのは、その後の状況の変化で変えざるを得ないことは、とくに高齢になると珍しくない話です。

たとえば、人に頼らず、好き放題生きるという自己決定をして、本当の人生を歩んでいた人が、脳梗塞《のうこうそく》か何かで半身不随になって、介護に頼らざるを得なくなることもあるでしょう。もちろん、介護保険を自分が納めてきて、その認定された限度額を使うのであれば、人に頼っているわけでなく当然の権利を行使しただけだという解釈もできますが、一度、「お前らに頼らない」と宣言した相手に泣きつかないといけないこともあるでしょう。

家族を捨てて孤独と放埒《ほうらつ》を選んでも、さびしくなったり、むなしくなったりして、また家族のもとに戻る（子どもはともかくとして、配偶者が受け入れてくれるかどうかはかなり不確かですが）ということもあるでしょう。

私にしても、糖尿病治療で医者の言うことを聞かず、好きなものを食べ、なるべく薬やインスリンを使わないという自己決定をしているわけですが、半年に一度眼底の検査をし、３か月に一度腎機能の検査を、さらに3～5年に一度、冠動脈の検査をしています。

高めの血糖値でコントロールすることで、頭も冴えているし、仕事もしっかりできるし、食べたいものを食べ、大好きなワインも飲んでいるので、あまりストレスのない生活ができているのですが、もしこれらの検査で異常が見つかり、このままだと目が見えなくなるとか、透析を受けないといけないという話になれば、方針変更をする可能性が大です。

目が見えなくなるよりましなので、血糖値をもう少し下げるとか、薬を飲むとか、美食はするにしても量を減らし、食事時間も早い時間へ切り替えるとか、新しい自己決定をするということです。

延命治療は一切拒否するという自己決定が盛んに勧められていますし、その自己決定をして尊厳死を選ばれる方も少なくないようですが、人間というのは不思議なもので、寝たきりになったり、死にかけたりすると、もっと生きていたいという感覚が生じてくる人も案外いるものです。というか、そのほうが多いような印象を受けています。

そういう場合、「お前は尊厳死と言っていたから無駄な点滴はしない」と言うのは、ちょっと残酷な気がします。

その場合、尊厳死という自己決定は撤回してもいい、というのが私の考え方です。**本当の人生というのは、自分の本音だから、一回決めたら変わらないというものではなくて、その場、その場の本音ということなのかもしれません。**

税金が高いのが嫌で、日本を脱出する大金持ちがかなりいます。これは日本にとっていいことなのかもしれませんが、実は音《ね》を上げて帰国する人がかなりいるようです。私の周りでも数人います。

日本の普通の食べ物が恋しくなったり、四季の移り変わりがないのが嫌になるとか、治安の悪さが嫌になるとかいろいろと理由はあるようですが、意思が弱いというより、本当の自分の欲求がわかったということなのではないかと思います。多少、税金を払っても富裕層でいられることには変わりないのですから、新しい自己決定をしたのでしょう。

余談になりますが、直接税を上げると金持ちが日本から逃げていくという脅《おど》しがありますが、前述のような事情を知っているので、私はあまりその心配はしていません。イギリスの税金が高くてアメリカに逃げていく人の場合、言葉も通じるし、アメリカのほうがむしろ気候がいいところも選べるし、食べ物もおいしいので帰ってこない人が多いのでしょう。日本から逃げていく場合は、やはり日本が恋しくなるように思えるのです。むしろ日本の文化や食生活を守って、富裕層が住んでいたいと思わせることのほうが大切な気がします。そういう点で、朝のアルコールチェックまでして、前日の晩に飲む飲食文化や飲食店を潰すような、外国では考えられない規制のほうが日本のためにならないと私は考えているのです。

話がそれましたが、日本人は真面目な人が多いので、一度決めたことは守らないといけないとか、変節はいけないと思う傾向があるようですが、本当の自分というのは、おそらくはいい加減なものです。

コロコロ変わっていいし、コロコロ変わるものなのでしょう。

前にも触れましたが、**一度決めた「自己決定」や「本当の人生」というのは、変えてはいけないものではないし、歳を重ね、情報が増え、経験を積み、あるいは自分の身体機能や脳機能や周囲の状況が変われば、むしろ変わるほうが自然なのです。**もっとも、天職と思えるものを得てずっと変わらないのも問題ありません。

本当の自分に従うというのは、その場その場で生きたいように生きるということであって、一貫したものではないのです。

そして、**本当の自己決定については、意地を張るべきではない**と私は信じています。

それによって、身近な人にあきれられたり、笑われたり、バカにされたりするかもしれませんが、人目の奴隷にならないのが本当の自分です。

もちろん、前述のように新しい自己決定がうまくいかないこともあるでしょう。

そうなったらそうなったときのことで、別の自己決定をすればいいだけのことです。

日本は意外に福祉国家で、家族に見捨てられても、公的な支援（経済的なことであれ、物理的な介護であれ）で生きていくことはできます。

それを知っているだけで、新たな自己決定の選択肢は増えます。

そうして、**残りの人生で何度も自分に合った自己決定をしていただければと思っています。**

第5章
今、この瞬間を大事に生きる

「今がまんする」のではなく、「今を楽しむ」

さて、本書で何度も書いてきたように、人間というのは、産まれてきたときは、「本当の自己」、本当の自分として産まれてくるわけですが、そのうちに社会に適応していくためにさまざまな教育を受けたり、しつけを受けたりするうちに、「偽りの自己」が身に付いてくるものです。

もちろん、人によって社会への適応の仕方は違うでしょうし、受ける教育も異なるでしょうが、ある文化をもった社会では、その社会特有のルールや慣習に従うことができるように家庭でしつけというものを受け、おおむね社会の「常識」を身に付けることになります。この「常識」は通常、本能的な欲望と一致しないので、「常識」が身に付くということは、「偽りの自己」として生きていくことができるということにもなります。

この中で重要なものに「がまん」というものがあります。

ほしいものがあるからといって、勝手に持っていってはいけないとか、腹が立って殴ってやりたくても殴ってはいけないとか、好きな人がいても勝手に抱きついてはいけないとか、身体をさわってはいけないとか、さまざまながまんを子どもは身に付けていきます。

もちろん、本書で、いくら本当の自分に戻ろうと提言しているからといって、この手のがまんを一切やめてしまうと、場合によっては法に触れるし、その結果刑務所に入ることにもなり得ます。法に触れなくても、一定のがまんができなければ、社会生活はできません。

ただ、そうでないようながまんはなるべくしなくていいというのが私の真意です。

さて、しつけに際して、がまんをさせるときに、子どもには、今がまんすると後でいいことがあることを学習させます。

スタンフォード大学で行われたマシュマロ実験というものがあります。

４歳の子どもを座らせて、マシュマロが一個のっている皿を目の前に置きます。

「このマシュマロをあなたにあげるよ。私は15分間、出かけるけど、戻ってくるまで食べるのをがまんしていたら、マシュマロをもう一つあげる。私がいない間にそれを食べたら二つ目はなしだよ」と言って実験者は出ていきます。

この実験に参加した子どもが大学受験をした際に、アメリカの大学進学適性試験（SAT）の点数で、がまんできた子と食べてしまった子では、トータル・スコアで平均210点（800点満点です）も差があったということです。がまんできた子のほうが上です。**この実験の結果、IQより自制心の強さのほうが将来の学業の成功に影響するという結論が出されました。**

その後の追跡調査でもこの傾向がずっと続くこともわかりました。

つまり、**小さい子ども時代に、今がまんすれば、後でいいことがあるということが体得できた子は、一生涯にわたって優等生、優秀な社員でいられるということです。**

さて、**精神医学の世界では、依存症というのは、人間ががまんできるようにプログラムされてきた脳のソフトが破壊される病気だと考える人がいます。**

今度、また手を出せば実刑になるのに、また覚せい剤に手を出してしまう。二度とやらないと約束して、家族や会社に金を借り、その返済を許してもらったのに、またギャンブルに手を出してしまう。職場でアルコールを隠れ飲みしてしまう。職場で仕事中にスマホをちら見してしまう。こういう状態が依存症です。

これらはすべて、がまんできなくなった状態、と精神医学では理解されます。これ

は意志が弱いのでなくて、脳のソフトが書き換えられたからで、きちんとした治療を受けないと意志の力では治らない、と考えられているのです。

逆に、そのような病的状態でなければ、意志の力でがまんできるのが当たり前というのが、日本に限らず世界中で適用されている考え方です。教育やしつけの大事な側面は、人間にがまんを覚えさせることでもあるのです。

実際、今がまんすれば後でいいことがあるというのは、いろいろな場面で適用されます。

今、遊びたいのをがまんして勉強していれば、大人になってからいい思いができるので、学生時代は勉強しなさいというのは、常套句《じょうとうく》のようなものです。

そして、日本の企業で終身雇用・年功序列が当たり前だった時代は、若い頃、安い給料でものすごく働かされても、「今、がまんすれば、歳をとってから楽ができるから」と言われた人も多いでしょう。これに関しては、終身雇用や年功序列の制度が否定されるとものの見事に、当時の上の人に言われたことは反故《ほご》にされたわけですが、それでも、今がまんすれば後でいいことがあると信じている日本人は多いようです。

あるいは、健康診断で血圧や血糖値が高いと、塩分やお酒や甘いものを控えるように医師に指導されるわけですが、「今、がまんしていれば、歳をとってから健康でいられる」などと言われた人も少なくないでしょう。

人目を気にしてしまうということとともに、がまんが美徳であるとか、がまんしていると後でいいことがあるという信念は、本当の人生を生きるうえで、大きな阻害要因になると私は考えています。

そこから脱却して、「今を生きる」「今を楽しむ」ということが本章のテーマです。

歳をとると、後にとっておく意味がなくなる

私自身、受験産業、教育産業に身をおいてきたこともあって、今がまんしていれば後でいいことがあるという考え方そのものを否定したいとは思っていません。

ただ、多くの高齢者を見てきた人間としては、ある程度、歳をとったら、その考え方は変えたほうがよさそうな気がします。

たまたま、とある実業家の人と対談したのですが、その方のお姉さんは学校の教員をしていて、老後のためということで倹約を重ねて1億円くらい貯めたというので

す。それなのに60歳やそこらでがんで死んでしまった。すごく無念だっただろうと彼は語り、自分も死ぬまでにどんな風にお金を使い切ろうかを考えるようになったというのです。

縁起でもない話ですが、確かに、歳をとるということは、毎日死ぬ確率が上がっていくことでもあります。残念ながら70歳で翌年までに死ぬ確率は、60歳で翌年までに死ぬ確率よりかなり高いのです。

これは死ぬ確率だけでなく、要介護になる確率も認知症になる確率も歳をとるほど上がっていきます。

海外旅行に行こうと思って、今、お金のことを考えてもったいないなと、がまんしていたら、数年後には死んだり、要介護になったり、認知症になったりして行けなくなってしまうということは、そんなに珍しい話ではないのです。

歳をとるほど味覚も衰えてくるし、それ以上に、食事の量が食べられなくなって、せっかく三つ星のレストランの予約が取れても、それをちゃんと楽しめなくなることもあります。

実は、私もそれなりに美食にお金をかけ、ワインラバーのつもりなのですが、60歳を越えた頃から、胃が小さくなっている気がしますし、お酒も毎日飲んでいるのに、徐々に弱くなっています。いつまで美食を続けられるのかとか、いいワインをせっかく手に入れてもいつまで飲めるのかなどと不安に思うようになってきました。

高いワインだと、もったいないからとっておきたい気持ちは強いわけですが、今ががまんするより、楽しめるときに楽しまなくてはいけないという気持ちが徐々に芽生えてきました。

このようにお金を使うのをがまんしていたら後で楽しめるとか、今頑張って貯金をしていたら後でいいことがあるというのが、だんだん成り立たなくなっていくので、**しつけで身に付いたことから徐々に脱却して、今を楽しむ本当の自分になろうというのは、実は健康面でも当てはまるように思います。**

日本のように多くの人ががんで死ぬ国では、がまんをして免疫力を下げるより、好きなように生きて免疫力を上げるほうが、結果的に健康にもいいし、寿命も延ばす可能性が高いと思います。

血糖値を下げるために食べたいものをがまんするとか、コレステロール値を下げるために肉類をがまんすることが、どれだけ意味があるかはわかりません。

血糖値やコレステロール値が高いことで腎臓が悪くなったり、心筋梗塞になったりするかもしれませんが、それはずっと先の話なので歳をとるほど意味がなくなります。逆にがまんしないこと、栄養状態がいいことでがんになるリスクを減らせるとしたら、10年後の死亡率はどちらが高いかわかりません。

歳をとるということは、今ががまんすれば、後でいいことがあるという話の中で、その**「後で」がいつになるかわからないし、あまり期待できないということです。**

ここでも、**高齢者は若者や普通の大人たちとは違うことを強調したい**と思います。

「やってみること」「変わること」は絶対善

このように、いろいろなしつけの縛りから脱却して、今がまんして後でいいことがあることを期待するより、**今を楽しむ、本当の自分になるということは、高齢者の多い国では重要な課題**のように思えてなりません。

自分に染みついた信念のようなものを塗り替えるのは、実はそんなに簡単なことではありません。

私たち、**精神科医のカウンセリングでは、人々のものの見方や考え方を変えていくように仕向けるようなやり方が現在のトレンドです。**

その中で、**アメリカで発案された認知療法という治療法でも、日本で発案された森田療法という治療法でも、問題にされるのが、前にも触れた「かくあるべし思考」です。**

「数学の問題は、自力で解かないといけない」という子ども時代のもの、「仕事は終わるまで帰ってはいけない」という会社員時代のもの、仕事を引退してからも、あるいは子育てが終わってからも「親の介護は子の務め」というようなかたちで、「〇〇でなければならない」という思考パターンが自分を縛ります。

とくに、日本は結果よりプロセスが重視されます。

そんなことをしていたら、かえって結果が出せないのに、部活動などの練習中に水を飲むなというようなはちゃめちゃな根性論が、つい最近までまかり通っていました。

そういう「かくあるべし思考」に染まっていると、楽をすると悪いことのように思い、がまんできるのが一人前の人間ということになりますし、がまんできない自分や他人が許せなくなります。

でも、**通常の精神科のカウンセリングにおいて、そんな「かくあるべし思考」でいると自分を追い込むことになるし、うつ病が治らないよと指摘してあげる**のと同様に、**高齢者のカウンセリングでは、あまりがまんしていると、楽しむ時間がなくなってしまいますよなどと伝えることはあります。**

これで納得してもらえればいいのですが、やはり染みついた道徳とか価値観はなかなか直せないというのが実感です。

自分の子どものしつけのときのことを思い出せば、多少は、新しい「しつけ」の可能性が出てくるかもしれません。

しつけの基本は賞と罰です。

がまんできたら賞を与えたり、ほめたりして、できなければ叱るなり、おやつ抜きにするなりの罰を与えるということです。

その逆をしてみるわけです。

がまんしないで、思い切って好きなものが買えたり、おいしいものが食べられたり、やりたかったことがやれたら、そういう自分をほめてやる。

また、そういうものが買えたり、食べられたり、やれたりすること自体が賞になるということもあるでしょう。思い切ってやってみてよかったという感覚です。

がまんすることはいいことだと思っていると、がまんしている自分がいい人のように思えたり、自分をほめたくなったりするので、罰を与えづらいかもしれません。

実際は、がまんすることでつらい思いをしていても、それを罰と感じづらいということもあるでしょう。

そこで、一つ、**歳をとったら身に付けてほしい価値観があります。**

とにかくやってみることは絶対善だという考え方です。

なにもやらないとなにも変わらない。やってみると確かにいいことも起こるけど、悪いことも起こるかもしれないのですが、**変化が起こっただけでも善だし、こうすれば悪いことが起こるということを知っただけでも立派な学習だというわけです。**

おそらくは、長い人生で、上から言われたことや、自分ができることしかやってこなかった人は少なくないでしょうから、**毎日が実験だと思って、やってみることは絶対善だと自分をしつけるのです。**

もう一つは、変わることが絶対善という価値観です。

これからの長い人生、今のままの自分の状態が続くと、衰えることはあっても、進歩していったり、新たな喜びを知ることはないでしょう。

30年不況（失われた30年）とよく言われますが、日本人が変化を好まないということにも一因があるように思えてなりません。

30年以上も成長がなく、給料も上がっていないのですが、それに不満がたまっているわけではありません。おそらくは、飢えるようなこともなく、安い値段でそこそこおいしいものが食べられるということもあるでしょうし、ファストファッションでも寒さに苦しむことも、着心地が悪いこともないし、またそれなりにおしゃれでいられる。そんな状況で、別に変わらなくてもいいやと思っているうちに、台湾や韓国に一人当たりのＧＤＰで抜かれるような状態になり、訪日したタイ人にも食べ物が安い国と言われるようになったわけです。私が最近タイに行ったときには、進歩の様子だけでなく、昼ご飯を食べに行くためのお金もかなり高くなっていてびっくりしました。

国民がみんな変化を喜ばないことは、自国にいると気づかないうちに、相対的にというか、グローバルで見ると貧しくなっていくということです。鎖国もしていないのに、江戸時代のようになっているということでしょう。

人間というのは、歳をとるほど、とくに50歳を過ぎると変化に対応する脳の部位である前頭葉が衰えてきて、変化を好まなくなるものです。

実は、本年（２０２４年）、日本の人口の「真ん中」が50歳を越えます。50歳未満の人と、50歳以上の数が同じになるということです。前頭葉の老化が本格化する人が半分になるのですから、もっと国民が変化を好まなくなるかもしれません。今、いくら自民党に怒っていても、変化は嫌なので、なんとなく、自民党の現職の人に票を入れるという人は少なくないでしょう。

日本人に限らず、変わることがないと人類の進歩はなくなってしまいます。

50歳を過ぎたら、変化が絶対善と思うくらいでちょうどいいのではないかというのが、脳の老化予防のための私の提言です。

そういうことが習慣化すると、自分のしつけ直しに少し抵抗がなくなるかもしれません。

テレビのワイドショーで、高齢者の自動車事故が報道されるたびに「免許返納」とコメントされます。「老害」という言葉にビビる人もいるかもしれませんが、あれだって、統計的な根拠がないのに、高齢者から免許証を取り上げるような東京のテレビ局の若い（30代くらいでしょう）社員たちの悪巧《わるだく》みかもしれません。

とにかく、**がまんしないで今を楽しむように、自分をしつけ直して、自己改造してほしいというのが私の願いです。**

労働から解放された高齢者は堂々と遊んで暮らしていい

老害という言葉は嫌いですが、私が老害だと思うのは、時代が変わっているという自覚が持てない人がいることです。

昔は、社員を鼓舞してより一層働く気にさせる管理職が有能だったのでしょうが、今は働き方改革の時代で、そういう人は部下にとって老害であるだけでなく、会社にとっても老害ということになってしまいました。

「あなたの課だけ残業が多くて困りますね」と上司から嫌味を言われる管理職も少なくないでしょう。

働くことが、とくに長く働くことが美徳という価値観は、逆に邪魔になっているということです。

先ほど、日本の長期不況の原因が、変化を好まなかったためという話をしましたが、もう一つはパラダイムが変わったことに、とくに経営者が気づいていないこともあるような気がします。

2000年前後だったと思いますが、当時、「小売の神様」と言われたセブン-イレブンの鈴木敏文《としふみ》さんと対談したことがあります。

鈴木さんは、長い間、人類は消費に生産が追い付かなかったけれど、90年代に生産は消費を上回るようになった。これからも生産性は高まることはあっても落ちることはないだろう。さらに少子高齢化で消費は減る。どうすれば消費者に買ってもらえるかが大事な時代になったのだという意味の話をなさいました。

私も長年似たようなことを考えていました。消費不足なのに、生産性を上げろという声が当時（今でもかもしれませんが）高かったわけですが、それは豊作貧乏なのに、もっとハクサイをつくれというのと同じだと思っていたからです。

いずれにせよ、鈴木さんの言うことは当たっていたようで、欧米や東アジアでは、さまざまな職種で従業員の給料を上げることでマーケットが拡大し、経済も成長していったのに、日本だけは生産性をうるさく言うのに、従業員の給料をケチな経営者たちが上げなかったせいで、長期不況の糸口が見えなかったのです。

こういう時代であれば、生産もしないで消費をしてくれる高齢者は神様のようにあがめられてしかるべきなのに、日本では高齢者バッシングが止まりません。

あるいは、生産しないで消費をしてくれて、しかも貯金が禁止されている、つまり国が支払ったお金を全額消費に回してくれる生活保護受給者も経済にものすごく貢献しているのに、やはりバッシングの対象です。

パラダイムが変わったというのは、こういうことです。

アリとキリギリスは、日本人の好きな童話の一つでしょう。かなり残酷な話です。勤勉なアリは冬場になっても、蓄えがあるので幸せに乗り切れるのに、遊んでばかりいたキリギリスは、冬場に飢えてアリに助けを乞うが、相手にされず死んでしまうという話です。

でも、現在のように消費不足、生産性過剰の時代であれば、働き者のアリは一生楽しみを知らずに死ぬということになるでしょうし、遊び人のキリギリスは、冬になってものの余りのために一生贅沢ができるということになるはずです。

歳をとったらしつけで身に付けた「今がまんしたら、後でいいことがある」という信念のようなものを捨てろと言い続けたわけですが、「働かざる者、食うべからず」という価値観も実は前時代的なものになっているのです。

だから、働かなくなった、働けなくなった自分を卑下することはないし、現役の市民というのは、現役の労働者だけを指すのでなく、現役の消費者も指すのです。

要するに、**消費することが生産すること以上の社会貢献なのです。**

もちろん、脳や身体の老化予防や遊ぶためのお金を稼ぐための労働を否定する気はありません。ただ、それは社会のために働いているのでなく、自分のために働いているのだと考えてほしいのです。

高齢者は社会のお荷物のようなことを言う人がいますが、そういう人こそ、資本主義がわかっていない――たとえ外国の大学の准教授とかの肩書をもっていても――と思っていいのです。

ところで「働かざる者、食うべからず」というのは、新約聖書にも似たような言葉があるのですが、個人の言葉としてはレーニンが使っています。

レーニンの言う「働かざる者」というのは、「不労所得で荒稼ぎする資本家たち」のことで、働きもしないでリッチな暮らしをしている人を戒《いまし》めるものでした。病気や高齢のために働けなくなった人とか、働いていない失業者を指すものではありません。

前に定年の話をしましたが、定年になるというのは、労働から解放される意味があるわけですから、高齢者は堂々と遊んで暮らしていいのです。

老後のお金はなんとかなる。貯めるより使うほうが美徳

アリとキリギリスの話は、冬というたとえを使っていますが、老後に蓄えておかないとひどい目にあうよという寓話のように考えている人は少なくないでしょう。

さて、老後の蓄えというのはどういうものなのでしょう？

歳をとっても、それなりの生活ができるように貯金をしておこう、準備をしておこうという意味なのだと考えられます。

年金制度が充実していなかった（日本では年金は戦時中に始まりました）頃は、老後対策というと、子どもに頼るか、貯金をするかということだったのでしょうが、私が聞いた話では、老後に備えて借家のようなものを買っておいて、そこから入る家賃で生活するということもあったようです。

子どもの数も多く、長生きできる人が少なかったから、年老いた人が飢え死にや野《の》垂《た》れ死にすることは意外に少なかったのかもしれません。子どもが先に死ぬということは深刻なことで、私が勤めていた浴風会という老人施設は、関東大震災で子どもを亡くされたお年寄りのための救護施設として始まったのですが、そういう人は救わないといけないという意識が高かったのでしょう。

当時、子どもが若くして死ぬというと戦死が多かったと思われます。年金の先駆けと言える軍人恩給は明治8年（1875）にすでにスタートしています。

いずれにせよ、その後、年金制度が充実したわけですが、自営業者などを対象にした国民年金だけではさすがに不十分でしょうが、厚生年金（あるいは、共済年金）と国民年金（老齢基礎年金）を併せてもらえる勤め人で、家のローンや子育てが終わっていれば、普通に生活する分には困らないように設計されています。

そして、その原資は自分が納めてきた年金と、会社からの拠出金や税金ということになります。

だとすると、年金そのものが、老後のために払ってきたお金から支払われるわけですから、老後の蓄えと言えることになります。

その分、給料が減らされてきたのですから、それを貯めておいて、返してもらうということです。

ついでに言うと、企業年金だって、自分が貯めてきたものに会社が足してくれるものなのだと考えていいのです。これがある人は、家のローンなどが終わっていたら、相当豊かに暮らせるはずです。

実は、現在の年金は賦課《ふか》方式といって、若い人が払ってくれた保険料から年金を支給するという制度に変えられたのですが、それは政府の財政の問題であって、自分は年金をもらうために税金を含めてお金を払い続けてきたことは事実なのですから、蓄えと考えていいはずです。

では、これまで貯めてきた貯金はどうでしょうか？

国民年金だけの人や勤労年数が足りないなどの理由で、年金だけでは生活できないという場合は、貯金を取り崩して生活をしないといけないでしょう。貯金が老後の蓄えと言えます。

生活できるだけの十分な年金がある場合は、それまでに貯めていたお金とか、退職金などは、老後に遊んだり、贅沢するためのお金と言えるでしょう。

よく、年金だけでは赤字になる人のことが、情報番組で取り上げられますが、いわゆる老後の蓄えがあるなら、それを取り崩して赤字を埋めるのは、なにも問題はないと私は考えます。

それでは、大病したときや介護が必要になったときに備えられないと思うかもしれませんが、それなら病気になったときのための保険に入ったりすればいいし、健康保険には高額療養費制度があるので、自己負担限度額以上のお金は後で払い戻されることになっています。

介護費用についても、介護保険があるので、個室に入っても、年金で足りる施設はいくらでもあります。

また、多くの場合、だんだん身体が弱ってくると広い家はむしろ邪魔になるので、家やマンションを売って、狭いところに引っ越せば、それでもまとまったお金はつくれます。

資本主義の世の中では、お金を持っている以上に、使うことで経済も回るし、よいサービスが受けられます。

たとえば、孫にしても、お金持ちだけどケチなおじいちゃん、おばあちゃんより、大してお金持ちではないけれど、何万円もお年玉をくれる祖父母のほうになついてくるでしょう。私なども映画を撮っている関係で、いろいろとスポンサーになってくれそうなお金持ちの紹介を受けるのですが、いくらお金持ちでも、スポンサーになってくれそうにない人とはつきあいたいとは思えないのです。逆に出資してくれるなら（映画の場合、ヒットすれば儲かることはあります）、もしその人が医療や何かで困ったことがあれば、できるだけのことをしたいと思います。現金な人間だと思われるかもしれませんが、こういうことは私に限ったことではないでしょう。**資本主義の世の中では（お金を使ってくれる）お客様は神様**なのです。

また、お金を稼ぐ能力のある人にとって、お金を稼ぐことは、新奇な体験ではないので、脳の前頭葉という部分を大して使うことにならないようです。お金を使うほうが脳も使うし、気分もワクワクして免疫機能も上がります。

自分のしつけ直しとして、稼ぐ、貯めることが美徳という考え方から、使うことこそすばらしいと思えるようになりたいものです。

ついでに言うと、子どもに残す必要もありません。むしろ、残さないほうがいいでしょう。

私は高齢者を専門にする医者として、何人もの高齢者の死に際《ぎわ》を見てきましたが、残すほうが、むしろ残された子どもたちの不仲の原因になることが多いようです。財産争いで、遺言が有効かどうかとか、生前の財産分与の意思能力があったのかなどの鑑定書をいくつも書きましたが、それに対する反対の意見書などを見るにつれ、亡くなった後、こんな争いになることにやるせない気分になります。

いつ死ぬかわからないから、終活より今を楽しむべき

歳をとると多くの人が気にする言葉に、「終活」というものがあります。**人生の終わりのための活動の略ということで、人生の最期を迎える準備という意味**で使われるようです。

確かに、自分が認知症になってしまったとき、子どもたちが成年後見制度の申請などをして、それを裁判所が受け入れてしまうと、自分のお金なのに、後見人に選ばれた子どもの判断でしかお金が使えないことになり、たとえばアイスクリームを買ってきてくれという自分のささやかな願いさえも、拒絶されることがあります。

そういう意味で、**自分の頭がしっかりしているうちに、任意後見の制度を使って、信頼できる子どもなり、弁護士なりに、後見人を頼んでおくに越したことはないと私も思います。**

そういう自分のための終活とか、晩年の準備まで否定する気はないのですが、子どもに迷惑をかけないためとか、どうなるかわからない死後のための終活はあまり賛成する気になりません。

エンディングノートなるものが流行っているようですが、自分の思いを伝えるという目的と、亡くなった後に家族が困らないようにという目的があるようです。

自分にどんな財産があるかを、いちいち子どもたちが苦労して調べなくていいようにとか、お墓や葬儀の希望とかを書いておくわけですが、財産については、前にも書いたように子どもに残す必要があるとは思いませんし、運よくお金が残ったのなら、それがほしければ、調べるくらいの手間を取らせても悪いとは思えないのです。

お墓についても、これだけの少子化の中、3代先までお墓を見てもらえると考えるほうが甘い気がします。葬式を立派にやってほしいと思う気持ちはわからなくもないのですが、そのときは自分は死んでいるので、少なくとも自分の目で見ることはできません。

人間というのは、100%死ぬことだけは確かなのですが、いつ死ぬのかは誰もわかりません。

たとえば余命半年とか、2年とか宣告されたとしても、それは、その病気でその状態の人が平均で半年とか2年生きられるという意味です。だからそれよりずっと短い命のこともあれば5年くらい生きることもあるのです。実は、宣告した余命より早く死ぬとヤブ医者と思われるし、長く生きると名医だとか先生のおかげと思われるので、短めに言うことが多いという話も聞いたことがあります。

ましてや、今元気で生きている65歳の人が、あと何年生きられるかはまったく読めません。平均余命というのがあって現在65歳の人は男性で約20年、女性で約25年生きるというのが平均です。それは目安になりますが、これもかなりの個人差はあります。

もうそろそろお迎えかなと思って終活をしたところで拍子抜けするくらい長生きすることもあるし、予定よりずっと早く死ぬこともあります。

ただ、**限りある命であることは確かなので、終活などに無駄な時間を使うより、今**

を思いきり楽しんだほうがいいというのが、長年、高齢者を見てきた私の出した結論なのです。

もう一つは、死を意識しながら生きていくことが、あまり得策と思えないのです。確かに、たとえば血圧が高いから酒をやめろとか、食べたいものをがまんしろと言われたときに、「どうせ死ぬんだから」と開き直って、酒をやめないとか、塩分を控えたりしないという生き方を私は否定しませんし、むしろ勧めたいくらいです。でも、それは死を意識するというより、今を楽しむことが主題になっているはずです。

終活のように、死んだときに子どもに迷惑をかけないようにとか、死が近いからいろいろなものを整理しておこうと、死を意識しながら生きることは、逆に今を楽しめなくするように思えてならないのです。

いつ死ぬかわからないから準備をするというのなら、後悔しないように、楽しみを後回しにしないで、先にやっておこうとか、今のうちに金を使っておこうというのが、高齢者にお勧めしたい死の準備ではないかと考えています。

初期の認知症とわかった時点で、思いきり人生を楽しむことを考える

認知症にしても、寝たきりにしても、心配したところでなるときはなるし、ならないときはならないというのが、私の実感です。

ただ、長生きするほど、その確率は高くなるのも事実です。

実際、私が以前勤務していた老人専門の総合病院での、年間１００例の解剖結果を見る限り、85歳を過ぎて脳にアルツハイマー型の変化のない人はいませんでした。

だから、自分では意識していなくとも、現役で活躍している学者や政治家や経営者の人でも、85歳を過ぎていれば、みんな軽い認知症だということです。

要するに老化現象のようなもので、誰でもかかると覚悟を決めておいたほうがいいでしょう。

もちろん、重い認知症になると何もできなくなったり、いろいろな楽しみをあきらめないといけなくなるのですが、軽いうちはほとんどなんでもできます。そして**重い認知症になるまでに5年から10年はかかります。**

だったら、**軽い認知症だとわかったら、重くなる前に思いきり人生を楽しむ**という選択もあっていいはずです。認知症も軽いうちなら、免許更新の際の認知機能テストも軽くクリアできるのですから、スポーツカーに乗るなら今のうちということです。

そして、そうやって**楽しみ、頭を使っていると認知症の進行がゆっくりになる**のです。

認知症の診断を受けたら、悲観するより、どうやって残りの人生を楽しみ、どうやってアクティブに生きるかを考えるほうが賢明だというのが、老年精神医学を35年も続けてきた私からの提言です。

勝手に未来を想像するより、**なったらなったときでどう楽しみ、どう生きるかを考えるほうが、おそらくは残りの人生は充実するはずです。**

実は、私も血糖値が急に上がり、体重が1か月で5キロも減ったときに、がんを覚悟したことがあります。**それも重症のすい臓がんだというのが私の予測でした。**

その際に、治療を受けて身体をボロボロにするより、残りの人生をどう生きるかを考えました。

お金を借りまくって映画を撮ろうとか、せっかくコレクションしたワインをどんな風に飲もうとかそんなことばかりを計画していたら、暗い気分がかなり明るくなったのです。

自分で考えた未来の予想など、当たると思い込むのは僭越《せんえつ》なのでしょうが、今を楽しむことなら考えられます。

そのときの経験から、がんになったら治療しないで楽しもうと開き直ることができましたし、その後もがん検診は受けないことに決めたというわけです。

この歳になれば、軽いうちであっても、治療で仮に少しぐらい余命を延ばすことはできても、ＱＯＬのほうは、むしろ下がってしまうとしか思えないからです。

確かにがんを知らぬが仏で生きるというやり方は、死期が読めなくなるデメリットはありますが、読めたとしても不正確なものですし、要《い》らない形で死を意識することが気分のいいものとは思えないからです。

過去を捨てて新たな人生を送る

今を楽しむ際に、過去を捨てるということは重要なポイントです。

もちろん、過去を完全に切り離すことは困難でしょうが、**過去につまらないこだわりを持っていると、本当の自分として生きることへの障壁になることは多いと思います。**

大企業で役員になり、運転手付きの車に乗っていた人が、本当は車の運転が好きだから残りの人生はタクシードライバーをやりたいという話になれば、周囲の余計な反対も受けそうですし、運転そのものは好きでも客に偉そうにされるとケンカになってしまうかもしれません。

職業に貴賤はないと言いますが、実際は、高い地位を得た多くの人にとって、それがプライドの源泉だったりするので、それが得られなかった人をつい見下してしまうようなことがあるのでしょう。

新しいパートナーを選ぶ際も格差婚で、かつ男のほうがずっと年上で、元の社会的地位が高かったりすると、男性側の子どもたちが反対したり、周囲が金目当てと陰口を叩いたりすることは往々にしてあるようです。

逆に、貧しかった人でも、一生懸命貯金をしたおかげでとか、予想外に家が高く売れてとかの理由で、それなりの贅沢ができる金が得られたとしましょう。

資本主義の世の中なのですから、堂々とリッチな暮らしをしたり、ファーストクラスで海外旅行に出かけたり、高級外車などを買えばいいと思うのですが、何か物怖《ものお》じをしたり、もったいない感じがして、そこまでの贅沢ができないこともままあるようです。

ギャンブルなどで勝ったときは、気が大きくなって、思い切って豪遊というような話はあるようですが、自分のために苦労してつくった金だと使えないというのは、何か矛盾がある気がします。

贅沢をして、思い切り楽しんで、最期は満足だったと思えるなら、終わり良ければすべてよしと思えるはずなのですが、貧乏していた頃の苦労が染みついてしまっていて、お金が使えないというのであれば、こんなにもったいないことはない気がします。

過去との比較という点では、そのせいで、幸せが感じられないということもあります。

人間というのは、過去と比較して、自分が幸せだとか不幸だとか感じる性向があるようです。

ノーベル経済学賞を獲ったダニエル・カーネマンという心理学者は、人間の幸福度

というのは、資産の総額ではなく、参照点との比較によって決まると論じました。

10億円持っていても、たった1万円損をしただけで、参照点より資産が減っているので不幸に感じるというわけです。

逆に全財産が1000円の人が、自動販売機のくじで100円のジュースを当てただけでも幸せな気分になります。

かなりの資産を残し、何億円も入居金を払ったうえに、月に何十万円も管理費を払い、ケアスタッフも多く雇われていて、毎日5000円くらいの食事が出るような超高級老人ホームに入った、元大企業のオーナー社長にこの理論を当てはめて考えてみましょう。

それだけすばらしい部屋に住み、アメニティもよく、スタッフにも親切にされ、比較的豪華な食事が出るわけですが、現役時代の豪邸や現役時代にいろいろな人にヘコヘコされていた記憶や、現役時代に食べていた一流料亭やフレンチなどの味と比べると落ちると思うのではないでしょうか？

過去の記憶が邪魔をして、それが参照点になっていると、それより落ちたと思うと幸せを感じるどころか、不幸せだと思えてしまうわけです。

逆に、子どもの頃からずっと貧乏で、大した学歴も得られず、ずっとこき使われてきた割には薄給で、社会的地位も低いため、どちらかというと見下され続けてきた人生を送ってきた人はどうでしょうか？

公費で入れる特別養護老人ホームで、スタッフに親切にされ（最近の高齢者施設の職員は相手の元の身分に関係なく親切です）、3品くらいのおかずに、ちゃんと具の入ったお味噌汁がつくだけで、「こんなにヨボヨボになってから、みんなに親切にされ、こんな贅沢な食事をいただけるなんて」と幸せを感じる可能性が大です。

ただ、これも程度問題で、同じ不幸でも、虐待や暴行などの過去の記憶は、トラウマというような形で、一生、その人を苦しめ続けることがかなりの頻度で起こります。

トラウマのある人に過去を断ち切れというのは、かなり難しい話なのですが、そうでない場合は、第二の人生を「本当の人生」にするためにも、やはり過去を捨てたほうがいいような気がします。

過去の栄光を心の支えにしたり、よすがにする人は少なくないのでしょうが、**これからの人生が本当の人生なのだから、いろいろと新しい体験をしてみようとか、思い切り楽しもうとか、何かをやり遂げようとするほうが、新たな気分で新たな人生を送**

れるのではないでしょうか？

理屈通りにはいかない未来だから、この瞬間を大事に生きる

これまでお伝えしてきたように、残念ながら未来の予想は不可能です。

健康に気を使って生きたとして、本当に長生きできる保証などありません。

海外のデータで、ある程度、若い年代の人については確率や統計が明らかになっているものはありますが、日本人対象の大規模な調査はほとんどありません。

それどころか、藪蛇《やぶへび》としか言いようがないのですが、日本で大規模な調査をすると、予想と違う結果が出てしまうのです。たとえば太めの人のほうが長生きするとか、コレステロール値が高めのほうが長生きするとかです。

薬が売れなくなると困るためか、医者のメンツのためか、結果的にそういう調査を日本の医学部教授たちはしないので、本当のところがわからないのです。

そういうわけで一見科学的に思われている医学の話でも、未来は理論通りでないことのほうが当たり前に起こっています。長生きするためにできることは、せいぜい長

生きできる確率の高いほうを選ぶことでしょう。でも実際には、日本の場合、血圧を下げた場合とか、減塩をした場合とかと、それをしなかった場合との大規模比較調査などはありません。それでも血圧を下げたほうがいいだろうと、確率的に高いと思われることを選んでも、個人差というものもあります。

世の中は理屈通りにいかないとの主張を続けておられる養老孟司《ようろうたけし》先生は、タバコを吸い続けておられますが、平均寿命を軽くクリアされているだけでなく、頭がとてもシャープでお元気です。

タバコ一つとっても、長生きできるかどうかは理屈通りにいかないのですが、タバコを吸ったほうが頭が冴えるというのは、自分の感覚なのですから、これは否定できない気がします。私の場合は、タバコを吸ってもちっとも気分がよくなくて、むせるだけでしたし、ワインの味がまずくなるという他人の意見も、「たぶんそうだろう」となんとなく信じられるので、自分では吸おうと思わないだけです。自分は医者という職業についているわけですが、これまで吸ってきて長生きされている方に、やめろという気にはなれません。

第1章で紹介した、82歳でがんを発見され、タバコをやめたのを、禁煙のつらさのために再開した方は、92歳でくも膜下出血で亡くなったわけですが、タバコをやめれば１００歳まで生きられると本人は信じていたようです。これにしても、そうはいかない気がします。

お金を残しておけば幸せかというのも、そうはいかなかったケースをたくさん見てきたので、確実なことは言えません。

将来への投資である程度、確率が高そうだと思うのは、若い人を大事にしておくことです。

そうすれば、こちらが衰えてきたときに、見舞いにきてくれたり、心配してもらえるかもしれません。ただ、これもそんなに恩に感じてくれない人もいるし、また若くても病気になったり、亡くなったりすることもあるので、確率は高いかもしれませんが、確かとも言えません。

もっと確実なことと言えば、多額の寄付をすれば、相当、高い確率で自分の名前が残るというのはあります。

新型コロナウイルス感染状況情報公開で有名になったジョンズ・ホプキンス大学も、日本の高校野球の選手が進学することで話題になった、世界大学ランキング２位のスタンフォード大学も、個人の寄付でできた大学です。

子どもに財産を残さず、家を売ったお金などで、自分の母校の図書館の蔵書を増やしたり、ちょっとした奨学金を始めたりすれば、何十年かは名前が残せるでしょう。

今のご時世、創業した会社の株を売れば数百億円などという人はたくさんいます。それならある程度の規模の大学をつくることもできます。1学年100人くらいにしぼり、その代わりに優秀な教授を年収5000万円くらいで30人くらいスカウトして、合格者には年間1000万円の奨学金を給付するという話になれば、偏差値で東大より上の学校をつくることも可能なはずです。

さすがに壮大すぎる夢ですが、それが可能な大金持ちはかなりの数でいるのに、そういう人がまったく出てこないのは、少し不思議に思います。

財産を残しておけば家も残るし、会社も残るという未来予測は、今の時代、甘い気がするので、ビル・ゲイツのように財団をつくったり、スタンフォードのように大学をつくるほうが、名前を残したいのなら確率は高い気がします。

ただ、それでも、**未来というのは不確実なもの**です。

日本人女性が出稼ぎで売春をするケースが多くなり、アメリカで入国を止められたり、タイ人の旅行客に「日本は安い」と言われるように、相対的に見ると日本はどんどん貧乏になっています。

だから、お金もあてにならないことは十分あり得ます。

自分の身体のことも、脳のことも予想通りにはいきません。

「本当の自分」として生きるということは、長期計画を立てて、その通りの道を予定通り歩く種類のものではない気がします。それまで、身体や脳や命がもたないことも十分あり得るし、逆に**想定外のこと、思いがけないことは、余生であっても幾度となく起こると思います。**

そのために、**毎日毎日を、つまり今この瞬間を、大事に生きること**を私としてはお勧めしたいと思います。

第6章 本当の人生を生きた人たち

ここまで私の考える本当の人生をあれこれと提言してきたわけですが、本当の人生というのは、本来の自分に戻るということなので、実は個人差が大きなものです。

この章では、後半生に本当の人生を生きたと私が感じる人たちを紹介します。そこから、本当の人生のイメージを多少なりとも、膨らませていただきたいと思います。

もとより私は歴史家ではないので、正確な伝記にこだわる気はないし、それは「偽りの自己」が書かせた文章ということになってしまいます。

ということで、私が本当の人生という点でいくつかのサンプルとして気になった人物について、一般的な評伝やWikipedia《ウィキペディア》などの記載をもとに、本当の人生を考える上で参考になるポイントを挙げて紹介したいと思います。

歴史というのは、私は正解がないものと考えていますし、さまざまな新説が出ているのは心得ていますが、ここではあくまでも本当の人生を考える上での参考としてご紹介したいので、この点、ご寛恕《かんじょ》いただけると幸いです。

第二の人生で好きなことに打ち込んだ伊能忠敬

第一の人生と第二の人生がまるで違っていて、第二の人生で名を残した人と言えば、私が思いつくのは、なんといっても日本最初の実測による日本地図をつくったことで有名な伊能忠敬《いのうただたか》です。

第一の人生では、忠敬は大成功を収めた商人でした。

忠敬は元々、名主《なぬし》の次男として生まれました。少年時代のことはあまりよくわかっていませんが、勉学に励んでいたと考えられ、伝説によれば算盤《そろばん》で優れた才能を示したということです。その後、数え18歳で佐原《さわら》の酒造家である伊能家の婿養子になります。伊能家は、代々名主などを務め、酒造業・運送業・金融業などを営む大きな商家でした。

忠敬は倹約を徹底すると同時に、新たな問屋を江戸に設けたり、米穀取引の仲買を始めるなどして、見事に家運を隆盛にします。

そうした矢先に天明の大飢饉《だいききん》が起こりました。そこで忠敬は、他の名主たちとともに地頭所《じとうしょ》に赴《おもむ》き、年貢への配慮を願い出ます。結果、この年の年貢の全額免除を勝ち取り、さらに御《お》救金《すくいきん》の交付を受けます。さらには、せっかく金儲けに成功し、倹約してつくったお金を使って、貧民たちに米銭を分け与えたため、かなりの出費をすることになりました。おかげで、佐原からは一人も餓死者が出ませんでした。

ただ、このような形で人望もあり、商才もあったので、結果的には大きな財産を残しました。引退する時点では、3万両（現在の貨幣価値で30〜45億円とも）の財産を残したとのことです。

隠居した忠敬は、江戸に出て暦学《れきがく》や天文学を学びます。

50歳で隠居すると、51歳で江戸に出て、新進の天文学者高橋至時《たかはしよしとき》に弟子入りします。このとき、至時は32歳。自分よりはるかに若い者からでも学ぼうとする姿勢には、頭が下がります。やはり、**本当の自分になった際は、過去の地位とか、世俗的な長幼などを気にしない**ということでしょう。

そして、寝る間を惜しんで天体観測や測量の勉強をしていたため、「推歩《すいほ》先生」（推歩とは天体の運行を推測すること、暦学のこと）というあだ名で呼ばれるようになったそうです。

さて、忠敬の測量は、もともと日本地図をつくるためではありませんでした。地球の円周を知るという好奇心から、子午線1度の長さを知るために江戸と蝦夷地《えぞち》の距離を測ろうとしたのです。

そして、その時期にたまたまロシア人による択捉島《えとろふとう》上陸などの事件が起こったため、蝦夷地の地図が必要となり、至時はこうした北方の緊張を踏まえたうえで、蝦夷地の正確な地図をつくる計画を立て、幕府に願い出たというわけです。

この許可は難渋をきわめ、第1次測量の180日については実費99両3分のうち22両2分しか幕府は払ってくれなかったのですが、蝦夷地の測量を敢行します。第4次までの測量で当初の目標だった地球の大きさを求めたところ、なんと今でも通用する4万キロという数値となったそうです。

この測量を開始したとき、忠敬は当時としては平均寿命をはるかに超える56歳になっていました。

そして、前述のように、商売の成功で3万両の財産を残したのですが、最終的に約8000両もの私財をこの測量に投げ打ちました。幕府の仕事でしたから、幕府も金を出したのですが、その拠出は測量費用の2割程度だったとされています。近年になって、忠敬からの私財は実は少なかったという説も出てはいますが、いずれにせよ、忠敬は自分の夢をかなえ、世の中の役に立ちたい一心で自腹を切って測量を続けました。そして、おそらくは後世に最も名を残した商人となりました。

最終的に56歳からの足かけ17年で10回の測量を行いましたが、日本地図はその存命中に完成しませんでした。

文化14年（1817）秋頃から喘息《ぜんそく》がひどくなり、病床につくようになったのですが、翌文政元年（1818）になると著《いちじる》しく身体が衰えるようになり、4月13日、弟子たちに見守られながら74歳で生涯を終えたのです。歩いた距離は地球一周に相当する4万キロだったとのことです。

しかし、その死は隠され、ついに日本地図は完成します。弟子たちがどうしても完成を願い、忠敬の手柄を残すために地図の作成作業は続けられたのです。

この地図は当時としては、世界的に見ても正確な日本地図でしたし、伊能忠敬の名は今でも残っています。

第二の人生に知力も体力も、そして第一の人生のときにつくった財力も結集して、第一の人生以上に充実した結果を残したことは、**我々に教訓と勇気を与えてくれます。**

第二の人生が、少なくとも世間の人から見て、本当の人生になった貴重な一例と言えるでしょう。

どこからが本当の人生かわからない文豪・永井荷風

私の知り合いに、倉科遼《くらしなりょう》さんという漫画原作者（元漫画家）がいます。『女帝』『夜王《やおう》』といった夜の世界を描く漫画原作者として、右に出る者のいない方です。

ときどき、彼と飲みに行くのですが、倉科さんが憧れる人物に永井荷風《ながいかふう》がいます。そして、『荷風になりたい～不良老人指南～』（小学館）という荷風を題材にした告白漫画原作まで描いています。

永井荷風は、三島由紀夫が憧れ、谷崎潤一郎が師と仰いだ、言わずと知れた明治・大正・昭和を生きた文豪なのですが、生涯、欲望のまま、とくに性欲のままに生きた人としても知られ、「偽りの自己」があったとしても、旧制中学の途中くらいまではないかと思われるような生き方をした人です。

倉科さんの漫画の副題が「不良老人指南」でもあるように、晩年まで好き勝手に生きた人でもありました。

前述の伊能忠敬のような生き方だけが、私の言う「本当の人生」でないことを知ってもらうために取り上げさせていただきます。

荷風の父・久一郎は、プリンストン大学やボストン大学に留学経験もあるエリート官吏で、内務省衛生局や文部省に勤務した後、日本郵船に入り、大実業家になった人物です。

荷風は明治12年（1879）に、東京で生まれました。東京女子師範学校附属幼稚園（現：お茶の水女子大学附属幼稚園）、東京府尋常師範学校附属小学校高等科（現：東京学芸大学附属竹早小学校）と進み、高等師範学校附属学校尋常中学校（現：筑波大学附属中学校・高等学校）という幼稚園時代からエリートコースを歩みます。

ところが中学時代、病気になり休学するのですが、その療養中に『水滸伝《すいこでん》』や『南総里見八犬伝』『東海道中膝栗毛《ひざくりげ》』などの伝奇小説や江戸戯作文学などを読みふけり、文学に目覚めます。

帝国大学第二病院に入院中、看護婦のお蓮《れん》に恋をし、その名に因《ちな》んで、「荷風」（「荷」は花の「蓮《はす》」の意味）の雅号を用いました。それを一生使ったわけですが、性愛に生きる人生がこの頃に始まったのかもしれません。

もちろん、その看護婦さんに手を出したわけではないのですが、中学の終わり頃に吉原《よしわら》の遊郭で初体験を終えると、そこからドンファンのような人生が始まります。

文学と性に目覚め、勉学にそれほど身が入らなかったためか、第一高等学校（現・東京大学教養課程）の入試には落ちてしまいます。その頃、家族と上海旅行をするのですが、その経験をもとに処女作『上海紀行』を発表します。上海旅行と同じ年、新設された官立高等商業学校附属外国語学校清語科（現：東京外国語大学）に入学しますが2年で中退して、本格的に小説の道に入ります。

父親は、それではまずいと考えたのか、実業を学ぶべく渡米させます。アメリカでも早速彼女をつくるくらいモテモテだったようですが、銀行勤めとアメリカになじめないということで、かねてから願っていたフランス行きが認められ、ここでオペラを知ります。

そして、その経験をもとに、『あめりか物語』を発表。翌明治42年（1909）、30歳のときには『ふらんす物語』も発表しようとしますが、この『ふらんす物語』は風俗を乱すという理由で刊行直前に発売禁止になります。それでも、売れっ子作家の仲間入りをすることになりました。

『ふらんす物語』発表の翌年には、森鷗外《もりおうがい》らの推薦で、慶應義塾大学文学部の主任教授となりました。ただ、それもたった6年でやめてしまいました。この間に、父親に商家の娘と結婚させられるのですが、翌年に父親が死ぬとまもなく離縁しています。以降、荷風は素人の女性とはつきあったことがなかったとのことです。

翌年には新橋の芸妓《げいぎ》・八重次《やえじ》と再婚。ところが翌年には早くも別居、離婚して、以降、妻帯《さいたい》することはありませんでした。

その後も売れっ子作家であり続けるのですが、50歳を前にして、荷風の創作の興味は旧来の芸者から新しい女給や私娼などに移り、実生活でも玉の井という日雇い労働者が通うような私娼街《ししょうがい》を好むようになります。

そうした生活の中から代表作、『濹東綺譚《ぼくとうきだん》』が生まれるのですが、この小説の中で、荷風がモデルと思われる大江という小説家がネタ探しに玉の井を散策し、娼婦・お雪と恋仲に陥るのですが、これも実話をもとに書かれたもののようです。それ以上に、私が興味を惹かれるのは、大江が書く小説の筋書きです。51歳で退職した英語教員が退職金を持って失踪し、カフェー勤めの女の元に身を寄せるという話なのですが、荷風が自由奔放の第二の人生（私の言う「本当の人生」）を意識していたことを示唆します。

戦争では、自宅が空襲で全焼し、荷風はいろいろな人を頼って居候《いそうろう》のようなことをする羽目になります。戦後は、ストリップ劇場で自分の劇作品が上演されると舞台に立ち、踊り子に囲まれる写真を撮られたりもしました。それでも昭和27年（1952）、73歳のときには文化勲章を受章します。

晩年は医者も拒否して引きこもり生活を送り、孤独死のような形で亡くなります。戦争の際には不安神経症に苦しめられ、死の10年ほど前から物忘れも目立ち始め、奇行もひどくなったとのことです。認知症も発症していたのかもしれません。しかし、できはいいと言えないけれど、小説やストリップなどの芝居の脚本などを書き続けていました。私も常々主張していることですが、認知症になってもできることは残るのです。

また、晩年の生活の不安から倹約を重ねるようになり、貯金を続けるのですが、亡くなったときに見つかった通帳には2334万円（現在の貨幣価値で2億5000万円とも3億円以上とも）を超えるお金が残っていたそうです。

こういう人生をみじめな末路と見るか、一生、本当の人生で生きた人と見るかは考えが分かれるでしょうが、欲望に忠実に生きた人ということで、前述のように多くの

人が憧れているのは事実です。

その奔放な女性遍歴は、『断腸亭日乗《だんちょうていにちじょう》』という、死の前日まで記された自らの日記に列記されています。また、高齢になってから覗《のぞ》きを趣味としたようで、自分が経営する待合（芸妓の接待の場であるが、客との宿泊用の寝具のある部屋があり、芸妓と客の同宿はほとんど黙認状態だったようです）の押し入れに小さな穴をあけて覗くようなこともしていたという話も残っています。

本当の人生といっても、ここまで割り切って実行できる人がいないから（とくに現代では許されないでしょう）、憧れられるのかもしれません。

陸軍から教育者へ、最高の二毛作人生を歩んだ秋山好古

司馬遼太郎の代表作の一つに『坂の上の雲』があります。

愛媛県の松山出身で、日本陸軍における騎兵部隊の創設者である秋山好古《あきやまよしふる》、その実弟で海軍における海戦戦術の創案者である秋山真之《さねゆき》、真之の親友で明治の文学史に大きな足跡を残した俳人正岡子規《まさおかしき》の3人を主人公に、彼らの人生を辿《たど》りながら、明治維

新から近代国家として歩み出し、日露戦争勝利に至るまでの勃興期の明治日本を描いた名作です。

この中の一人、秋山好古は、鎧兜《よろいかぶと》をつけて刀や槍《やり》で戦う、戦国時代から変わらない騎兵を、騎兵銃を背負い、歩兵、砲兵、工兵などを随伴させる戦闘集団である近代的な騎兵部隊を育て上げ、日露戦争では世界最強といわれるロシアのコサック騎兵団に独自の戦法で対抗し、結果的に日本陸軍を勝利に導いた人物です。

最終的には陸軍大将に任ぜられ、さらに、陸軍の教育総監となり、陸軍三長官のうちの一人となります。そして、元帥《げんすい》位叙任の話もあったのですが本人が固辞し、大正12年（１９２３）、陸軍での定年を迎えます。

そして、その翌年、学校長不在になった私立北予中学校（現在の愛媛県立松山北高等学校）に名前だけでも貸してくれと乞われたのですが、「日本人は少し地位を得て退職すれば遊んで恩給で食うことを考える。それはいかん。俺で役に立てばなんでも奉職する」と言い、軍のトップ３経験者が、地方の中学校校長に転じます。当時としては異例の格下人事です。

この頃、中学校の校長職はいわゆる名誉職でした。しかしながら、好古は単身、東京を離れて就任しました。それ以降、退任まで1日も欠勤せず、生家から登校したということです。

好古は、普通学校教育の目的を「個人の確立による国家の確立」「個人の生活安定による個人の確立」「個人の生活安定のための適性の見出しと育成」と考えていたのですが、これは現在の教育の理想と変わることはありません。

実は、当時から学校現場にも軍国化の波が押し寄せ、好古が校長に就任した翌大正14年（1925）に政府は陸軍現役将校学校配属令を発令し、週に2〜3時間の軍事教練が必修化されました。ある学生が、脊椎《せきつい》カリエスという病気になり、激しい運動ができなくなったため、「軍事教練ができない」という理由で隣の松山中学校の入学を断られました。ところが好古は「勉学ができるのならそれでよい。軍事教練は免除する」と言い北予中学校の入学を許可します。さらに好古は、「生徒は兵隊ではない」と言い切り、軍事教練の時間は最低限で済ませたと伝えられています。

さて、軍事教練の悪影響は戦後まで続きます。

一時期まで当たり前のように体罰は続けられ、運動中に水を飲ませない根性主義がはびこります。そして、団体行動を重視し、一人が悪いことをすれば連帯責任、集団には合わせないといけないという教育が日常的に行われます。

そういう点では、その後の教育改革は好古の目標とするものの通りのようになっていきました。そして、現行の学習指導要領における「生きる力」の考え方に引き継がれるのです。

実は、日本軍も、好古の時代では結果重視の作戦を立て、個人にきちんと考えさせるような発想があったようですが、どんどん根性論の戦闘に移り、みじめな敗戦を迎えます。

好古は結果を重視するためか、叱る教育よりほめる教育も実践しました。

生徒個人の人格形成を重視し、個性・適性を見出して育てることに徹し、それを実践するため毎日、早朝から校門に立ち、登校してくる生徒一人ひとりに挨拶をする、よく生徒をほめ、ほめるのと同時に、字をきれいに書きなさいといったことなどを丁寧に指導したと伝えられています。そして、生徒の様子をいつも微笑《ほほえ》みをたたえて眺めている校長だったそうです。

好古は、もともと軍人を目指していたわけでなく、子どもの教育が当初の夢だったと言われています。

明治9年（1876）7月に官立大阪師範学校を卒業後、第三大学区十八中学区堺県河内国第五十八番小学校（現：寝屋川市立南小学校）に勤務、初期の官立師範学校卒業教員であることからすぐに抜擢《ばってき》され、愛知県師範学校附属小学校（現：愛知教育大学附属名古屋小学校）に移り、日本の義務教育の開拓と普及の分野で将来を嘱望《しょくぼう》される人物となったようです。しかしながら、**弟、真之**（前述のように彼も『坂の上の雲』の主人公の一人で、海軍での海戦戦術の創案者で東郷平八郎のブレーンとされています）**の生活費と学費を将来的にも工面できないことから、教育者になるという夢をかなえた直後にあきらめ、職業軍人に転向せざるを得なかった**とのことです。

後に、**中学校校長の職を得ると、これが自分の「本当の人生」と考えた**ようで、過去と訣別《けつべつ》します。

中学校の校長になってからは、生徒や親から「日露戦争のことを話してほしい」「陸軍大将の軍服を見せてほしい」などと頼まれても、「そんな昔のことを訊《き》いて何になるのか」と退けたそうです。そして、戦友である閑院宮載仁親王《かんいんのみやことひとしんのう》が松山に来たときと、紀元節のときの2度の例外を除くと軍服を着ることなく、ずっと背広で出勤しました。

残念ながら、老いに勝てず身体を壊してたった6年で校長を辞職しますが、**この「本当の人生」の際の好古の業績は、現在では、第一の人生だった軍人時代より高く評価されるくらいです。**

第一の人生が司馬遼太郎によって再評価され、本当の人生が現在の教育学者の間で高く評価される秋山好古は、最高の二毛作人生を歩んだ人と言えるかもしれません。

時代の変化をいち早く読み、「本当の人生」を謳歌した徳川慶喜

前にも少しお話ししましたが、変化する時代に対応したり、これまでの人生から「本当の人生」にスイッチするうえで、もっとも邪魔になる思考パターンに「かくあるべし思考」があります。

歳をとると「かくあるべし」と思った通りに生きるのが難しくなるので、それで落ち込んだり、ひどい場合はうつ病につながります。そのため、この思考パターンは、我々精神科医からは矯正すべきものと考えられています。

名門というか、日本のトップの座につくような家柄に生まれながら、「かくあるべ

し思考」に囚《とら》われなかったために、上手に生き延び、後半生も洒脱《しゃだつ》な人生を送った人に徳川慶喜《よしのぶ》がいます。

慶喜は言わずと知れた徳川幕府、最後の将軍です。

父親は水戸藩の9代目藩主徳川斉昭《なりあき》、母親はその正室で皇族の吉子《よしこ》女王という名門の出身です。

父親の方針で、水戸の藩校・弘道館《こうどうかん》で学問・武術のハイレベルな教育を受けます。藩校でも優秀で当時から注目されていたそうですが、数え11歳で世嗣《せし》として御三卿の一つ一橋家を相続することになります。

その後、将軍の継嗣《けいし》争いに敗れ、さらに日米修好通商条約に井伊直弼《なおすけ》が勅許《ちょっきょ》も得ずに調印したのに反対したため、謹慎処分となります。

井伊直弼が暗殺され、謹慎が解かれ、将軍の後見職などに就いた後、自らと将軍職を争った14代将軍家茂《いえもち》が病死し、当初は徳川宗家だけを継ぐ形で将軍職は固辞していましたが、結局、15代将軍となります。

その後は、**朝廷と緊密な連絡をとり、将軍でありながら京都を離れず、将軍になって1年も経たないうちに大政奉還《たいせいほうかん》を行います。**ところがその1か月半後には、王政復古の大号令が起こり、翌年、旧幕府と新政府の間で始まった鳥羽伏見の戦いが敗色濃厚となると、十分な兵力があったのにもかかわらず、江戸へ退却します。その後の**江戸城の無血開城を経て、駿河《するが》（静岡）で余生を送った（晩年は東京に移住）というのが慶喜の人生です。**

この人生を見ると、徳川家だけ継いで将軍になろうとしなかったり、将軍になってすぐに政権を朝廷に返上したり、さらに戦える兵力があるのに、江戸に逃げ帰り、その江戸城もすんなり新政府軍に明け渡すなど逃げてばかりの人のように思われがちです。

しかし、**精神科医の立場から見ると、**当時の武士にありがちな「かくあるべし思考」に囚われず、**いくつもの選択肢を用意して、柔軟に対処した人のように思えます。**

父親は尊王攘夷《そんのうじょうい》の思想的バックボーンとされた斉昭で「かくあるべし思考」の体現者と言えるような人でした。しかし、慶喜はゴリゴリの攘夷思想に染まらず、将軍になるとすぐにフランスの援助で製鉄所や造船所をつくってもいます。

江戸にいないで京都にいたり、戦争を避けるための大政奉還や、江戸への逃走、そして無血開城に至るプロセスなどは「かくあるべし思考」の人にはできない決断です。

この柔軟さのおかげで江戸を追われるものの、水戸で謹慎ののち、静岡で明治時代を生き延びることができたのですが、静岡では、趣味人として生きます。

謹慎中は油絵を学び、明治5年（1872）だけでも銃猟・鷹狩《たかがり》・投網《とあみ》・鵜飼《うかい》・囲碁をやっており、明治6年以降は能・謡曲・小鼓・洋画・刺繡《ししゅう》・将棋も手がけています。釣りもしばしばしたとのことです。明治13年から明治16年頃は庶民娯楽の講談に興味を持ち、東京から興行でやってきた講釈師を自宅に招いたりもしています。日本に洋式自転車が入ってきたのは明治14年・15年頃のこととされていますが、慶喜は早い段階で自転車を手に入れ、サイクリングも楽しんだそうです。さらに明治20年ごろには、ビリヤードと写真に没頭します。こういう慶喜を見て、静岡の人々から「ケイキさま」と慕われました。

その後、東京に移住し、なんと76歳でダイムラーの自動車を購入し、それを乗り回していたことも知られています。

スポーツや動くことが好きなうえ、海産物など積極的にたんぱく質を摂《と》っていたので高齢になっても筋肉質であったことが知られています。

栄養状態のよさと運動好き、さらに脳の柔軟さや多趣味のために、当時としては驚異的な長寿と言える数え77歳まで生き、徳川最長寿の将軍となったのです。

最後は風邪をこじらせて肺炎で亡くなるのですが、それまでは大きな病に苦しむことなく、まさにピンピンコロリを体現しています。

思考の柔軟さ（前頭葉の若さ）、適度な運動、多趣味、栄養状態の維持など長寿社会での生き方の見本を見せてくれた人物と言えるでしょう。

その中で、特筆したいのは、**「かくあるべし思考」の対局とも言える「あれがダメならこれ」という考え方でしょう。**

これが**変わり身の早さ、切り替えのよさ、チャレンジ精神**につながります。

慶喜は、運命のいたずらで、かなり早い時期に第一の人生を終えるわけですが、もちろん経済的に恵まれていたという背景はあるとしても、残りの人生を思いきり楽しんでやろうというマインドには圧倒されます。

過去にこだわらず、庶民とも気軽にふれあい、さらに趣味をすぐ見つけ、飽きたらすぐ切り替える。こういう腰の軽さが、「本当の人生」では大切になってきます。

「本当の人生」というと、伊能忠敬のように、一筋に自分の夢に打ち込むようなものをイメージされがちですが、**やりたいことができたり、楽しめると思ってやったことが思ったほど楽しめなかったときに、あれこれと乗り換えるというやり方もあり得る**

のだということを、徳川慶喜は教えてくれます。

失敗続きの人生を「本当の人生」で取り戻したカーネル・サンダース

カーネル・サンダース（本名はハーランド・ディヴィッド・サンダース）は言わずと知れたケンタッキー・フライド・チキン（ＫＦＣ）の創業者です。

6歳で父親をなくしたカーネルは、母親の再婚相手と折り合いが悪く、14歳で家を出ます。このとき、中学校を辞めたため、最終学歴は小学校卒となります。

その後、転職を繰り返し、農場の手伝いに始まり、年齢を詐称《さしょう》し陸軍に入隊し、キューバで従軍します。さらに鉄道の機関車修理工、ボイラー係、機関助手、保線区員、保険外交員、弁護士（当時は資格がなくてもできました）、タイヤのセールスなど40種に上る職を転々とします。

18歳で結婚し、カッとなりやすい性格で、人に雇われることに向かないことに気づいたカーネルは、23歳でフェリーボートの経営に参画《さんかく》し、このとき、経営権や共同経営について勉強するために10日ほど図書館に通い詰めます（これが後の「本当の人生」に役立つのですが）。

ヘンリー・フォードがつくったモータリゼーションの波に乗り、カーネルはガソリンスタンドの経営に乗り出します。このとき、カーネルは持ち前のサービスのよさを発揮します。舗装された道路などなく、自動車がほこりまみれだった時代に、車が入ってくると窓を拭くなどのサービスをしてからガソリンを売るというスタイルを確立し、車内の掃除までしたのです。朝の5時から夜の9時までスタンドを開けていました。

おかげでこのスタンドは大繁盛するのですが、数年後には大恐慌のあおりを受けて倒産する羽目になるのです。

ただ、その評判を聞いたシェルオイルのスタッフが新しくできるスタンドの経営をもちかけ、1年後には再びガソリンスタンドの経営を別の場所で始めます。そして、お客さんがお腹を減らしていることが多いことに気づき、その年のうちに、ガソリンスタンドの一角に物置を改造した6席のレストラン・コーナー「サンダース・カフェ」を始めます。

サービスと味のよさでこのレストランは大繁盛し、7年後には、モーテルを併設した142席のレストランに成長しました。そして、その2年後に導入された圧力釜を用いた「オリジナル・フライドチキン」の製法は、以後80年以上にわたって「オリジナル・レシピ」として引き継がれているのです。

ですが、順調だったカーネルに悲劇が訪れます。新しいハイウェイができると、カーネルのレストランのある国道は車の流れが激減し、旅行客相手の商売だったため店を手放さざるを得なくなります。税金や未払いの支払いを払うと手元にほとんどお金は残りませんでした。年金もわずか、月105ドルという現実も突き付けられます。

65歳になるカーネルに残されたものは、中古の車とレストランで一番人気のあった11種類のハーブとスパイスを使う、フライドチキンのレシピだけでした。そこで、カーネルはそのつくり方を伝授し、ロイヤリティをもらうというフランチャイズのモデルを思いつき、残された車であちこちのレストランを訪ね歩く旅に出ます。

実は、その前にピート・ハーマンというソルトレークシティでハンバーガーレストランをやっていた人物が、このレシピにロイヤリティを払うフランチャイジーの第1号になっていました。彼が「ケンタッキー・フライド・チキン」という名を思いつき、カーネルの最高の相棒になるのですが、自分のレストランを売り払ったカーネルにとっては、このフランチャイズを広めるしかほかに道はないと考えていたのです。

さて、このビジネスモデルは実にシンプルなものでした。圧力釜とタイマーをセットで35ドルで売り、カーネル自らが３日間調理方法を教えるトレーニングを行い、スパイスは中身を秘密（いまだに秘密のものです）にするため、自分の家で調合し、１ピース売れるごとにいくらと決めてスパイス代こみでロイヤリティをもらうというものです。

当初は、なかなか契約が取れず、車の中で寝泊まりし、１日で口にするのは見本でつくったフライドチキンだけという日も珍しくなかったとのことですが、その後は快進撃を続け、65歳で始めたこのビジネスは５年目にはアメリカとカナダで４００店ものフランチャイズ網を築くことになります。

この快進撃の陰には、カーネルの徹底した質へのこだわり（カーネルの教えを守らなかった店は容赦《ようしゃ》なく契約解除しています）がありました。そのうえ、カーネルのサービス精神でのパフォーマンスで、白いスーツを着たカーネルが「お味はいかがですか？」と店内を回ったのです（有名な白いスーツはこの時期に誕生しています）。

実は、マクドナルドのフランチャイズもこの時期に誕生し、アメリカにフランチャイズによるファストフードのレストラン網が文化として根付くということになりました。

ケンタッキー・フライド・チキンが誕生して15年目の1970年には、アメリカに2500店のファストフードのレストランが出現しています。

店が急に増え始めたときに、カーネルの娘、マーガレットがカウンターで料理を手渡すテイクアウト方式を思いつきます。そして、カーネルはフロリダのフランチャイズ店をマーガレットに任せて、この方式がうまくいくと確信するや、全米に広げていきます。

74歳のときには、カナダでのフランチャイジーの権利と200万ドルの現金、そして年間4万ドルのサラリーを条件にして、経営権を後にケンタッキーの州知事になる若い元弁護士のジョン・ヤング・ブラウン・ジュニアに譲ります。

しかしながら、その後も自分の製法が守られているか確認するために世界各国に広がった店舗を見て回る暮らしを続けます。80歳を過ぎても、毎年アメリカ国内だけでも50万マイル以上の旅行を続けていたのです。“public spokesman for the company”(会社の広報担当)として、白いスーツにステッキ姿で世界中の店を回り、1年間で8着ものスーツを着潰したこともあったほどです。気に入らない店があるとエプロン姿になって従業員に教える。これはアメリカ国内だけでなく、日本も含め、世界中の国を訪れています。

そして、カーネルはリンカーン以来アメリカでもっとも有名になった人と言われるようになり、リンカーンの出身地ケンタッキー州にある記念碑には、ケンタッキー州で最も有名な人物と紹介されています。そして小学校卒でありながら、5つの大学から名誉学位が与えられています。

カーネルはコマーシャルにも出て、その白いスーツと独特の風貌のために有名人になったのですが、もう一つカーネルが尊敬を集め、知名度を高めた理由に寄付好きということがあります。

前述のように経営権をブラウンに譲るのですが、その際にカナダのフランチャイズの経営権だけは自分のものにします。そして、その直後から入ってきたフランチャイズ料のすべてをカナダの学校、教会、慈善団体などに寄付をするようになったのです。寄付の対象をカナダに限ったのは、カナダのケンタッキー・フライド・チキンはカナダ人が成功させたのだから、彼らに返すべきと考えたようで、カーネルの人気はカナダではアメリカ以上だそうです。彼の盟友、ピート・ハーマンによると「一文無しになって死ぬんだ」というのが口癖なほどの寄付好きだったのです。

彼がフランチャイズビジネスを開業して以来、もっとも口にした言葉は「働け！一生懸命に働くことが大事なのだ。働かなければ錆《さ》びついてしまう」（『カーネル・サンダース』藤本隆一著より）でした。そして働いて疲れ果てる前に錆びついてしまう高齢者の多いことを嘆きました。

この言葉の通り、カーネルは90歳まで働き続けて、急性白血病に肺炎を併発してそのまま亡くなりました。


若い頃から働きづめでサービス精神も旺盛だったのに、運に恵まれなかった男が、「本当の人生」になったときに、若い頃の唯一の財産だったおいしいフライドチキンのレシピを、やはり働きづめで世界に広め、そしてアメリカ一の有名人になるという、まさに「本当の人生」の物語です。

80歳をすぎてからマラソンを始め、１００歳でフルマラソンを完走したファウジャ・シンの「本当の人生」

ファウジャ・シンといっても知らない人が多いでしょう。

彼こそが、人類初となる100歳でのフルマラソン完走者で、それまでも、92歳のとき、5時間40分でマラソンを完走したのですが、これは90歳以上の年齢層の世界最高記録とされます。

100歳のときには、カナダのオンタリオ州トロントのバーチマウント・スタジアムで開催された、特別オンタリオ・マスターズ協会ファウジャ・シン招待大会で、1日で8つの年齢別世界記録に挑戦しました。カナダ当局の計時では、100メートルを23秒40、200メートルを52秒23、400メートルを2分13秒48、800メートルを5分32秒18、1500メートルを11分27秒81、マイル走を11分53秒45、3000メートルは24分52秒47、5000メートルは49分57秒39で、1日で彼の年齢層の世界記録を塗り替えてしまったのです。実は、100歳以上の誰もその距離に挑戦したことがなかったため、これまでの記録保持者がいない種目もあったので8つとも世界記録を達成したとみなされています。ちなみに彼の記録のいくつかは、95歳以上年齢グループでも記載されている世界記録を大幅に上回っています。

そして、その3日後の2011年10月16日、シンはトロント・ウォーターフロント・マラソンを8時間11分06秒で完走し、マラソンを完走した最初の100歳になったというわけです。

100歳でフルマラソンを完走したとき、「次の目標はロンドン五輪の聖火リレーの走者になること」と語ったのですが、2012年の五輪でそれも実現します。

102歳の誕生日を5週間後に控えた2013年2月24日の香港マラソンに参加した後、シンは競技ランニングから引退することを発表しますが、今後も楽しみ、健康、慈善のために走り続けるつもりだと語りました。

そして、シンは、スポーツと慈善活動への貢献が評価され、2015年の新年栄誉賞で大英帝国勲章（BEM）を受章したのです。

2023年現在、生存は確認され、今でもイベントでマラソンランナーを応援し、楽しんでいる姿が見られています。

さて、この驚異的な体力の持ち主、ファウジャ・シンですが、小さい頃はスポーツ万能どころか、5歳になるまで歩けない子どもでした。

学校は自分の村から遠く離れているうえ、バスも通っていないので、歩いて学校に行けないと判断されたシンは学校に行くのをあきらめ、農家の仕事を覚えることになります。このため、シンは読み書きはできませんでした。

しかしながら、農業を続けていくうち、身体も丈夫になり、結婚して、子どもも生まれ、そして自分の畑を持つこともできるようになりました。農業の腕もよく、子どもたちに畑仕事を教えるのが楽しみだったようです。

その後も平穏な生活を送るのですが、81歳のときに子や孫と一緒に暮らすことを願い、生まれ故郷のインドからロンドンへの移住を決意します。そして生まれて初めて飛行機に乗るのですが、この移住が彼の運命を変えることになります。

当初は、言葉も通じないことからロンドンになじめなかったため、テレビばかりを見て暮らしていたのですが、テレビで大勢の人が街中で一斉に走っている姿に、自分もやってみたくなったのです。

88歳のときに生涯のコーチとなるハーマンダー・シンと出会い、以降10年以上、毎日かかさず、一緒に走っています。

そして２０００年にロンドンマラソン初出場。そして92歳のときに、前述のように驚異的な記録でフルマラソンを完走します。

80代になっても、「本当の人生」を始めることができ、１００歳になってから注目を浴びるという、我々に勇気を与えてくれる「本当の人生」の体現者と言えるでしょう。

自分で引退を決め、芸能界と縁を切って「本当の人生」を全うした上岡龍太郎

さて、「本当の人生」というのはいろいろな形があるのだと見てきたわけですが、多くの場合、「本当の人生」が始まるきっかけは、元の職業の引退とか定年退職になるでしょう。

一度目の人生で成功した人、それも華々しく成功した人ほど引き際が難しく、どんな次の人生を送ろうかと迷うことが多いようです。

引き際のきれいさという点で、私がとても素敵な人だと思う人に上岡龍太郎《かみおかりゅうたろう》さんがいます。

彼は大学入試に失敗後の18歳のとき、横山ノックの誘いで、「漫画トリオ」を結成し、あっという間にスターダムにのし上がるのですが、ノックの参議院選挙当選により、トリオの活動が停止し、いわゆるピン芸人になります。

この時代は近畿圏のラジオ番組の出演が多かったのですが、当時深夜放送にはまっていて東京のラジオしか聞いていなかった私が、唯一聞いていた関西ローカルの番組が、上岡龍太郎さんの番組だったので、私にとってはものすごく思い出深い人物です。

皮肉と風刺の効いた天才的な話術に、思春期だった私はずいぶん魅了されたもので、通常は聞かない夕方の番組まで聞いていました。

当時のキャッチフレーズは「芸は一流、人気は二流、ギャラは三流」というものでしたが、あっという間に「芸も一流、人気も一流、ギャラも一流」にのし上がります。ちなみに私は勝手に、それを引き継いで、「芸は一流、人気は二流、ギャラは三流の恵まれない文化人、和田秀樹」とときどき、人前で話すときに使わせてもらっています。

その後は、ご存じのようにテレビの世界でも大スターになるのですが、本人は、「俺は絶対に東京に行かへん！」と語っていたとのことです。

ただ、昭和62年（１９８７年）、関西ローカル番組の『鶴瓶上岡パペポＴＶ』（読売テレビ）が放送開始されたのですが、その人気のため、『パペポＴＶ』は翌年10月からキー局の日本テレビでも放送開始され、これが受けて上岡さんは結果的に東京進出し、全国区のスターとなるのです。私も彼の芸風が東京で受け入れられるのか疑問視していたのですが、見事に東京でもトップ芸人になり、漫画トリオ時代以上の人気を博します。

ところがそのくらいの時期から「僕の芸は20世紀まで」と言い出し、さらに「俺は、芸能生活40周年を迎える2000年の春になったら完全に隠居する！」と公約し、2000年の2月に引退会見を開き、4月に引退します。

引退後は、2001年4月に関西テレビで放送された特別番組「KAMIOKAマウイマラソン」に主催者として出演した以外は、知人の芸能人のパーティーやゴルフ大会、冠婚葬祭などに顔を出すのみで、その様子が何らかの形でテレビなどで紹介されることもありましたが、自分からマスコミに露出したことはありませんでした。

引退後も義理堅いところがあり、長年の盟友、横山ノックが亡くなったときは『横山ノックを天国へ送る会』に漫画トリオ時代の芸名であった「横山パンチ」名義で献杯挨拶として登壇し、ノックへのメッセージを語ったのですが、上岡節健在を示しました。そのほか、立川談志《だんし》のお別れ会や、桂米朝《べいちょう》の葬儀に参列しているところもテレビに映されています。おそらく公へ姿を見せたのは弟子の大空テントが交通事故により急逝した際に、通夜と葬儀に参列したときが最後でしょう。

私の知り合いの芸人さんに聞いた話では、「10億貯めたら、引退する」とも語っていたようで「おそらく、ホンマに貯まったから引退したんでしょう」という話でした。

そのお金で引退後ライフを楽しんでおられたのでしょう。

別の上岡さんを知る人から聞いた話では、ゴルフ三昧の日々を楽しんでおられたようです。

私が山下達郎さんのラジオを聞いていたとき、引退後の上岡さんが山下さんのコンサートを気に入って、とてもおいしいお菓子を差し入れしてくれた話を、奥さんの竹内まりやさんとしていました。そして、礼状を送った際に「ぜひ、楽屋にも遊びに来てください」と書き添えたところ、「私は一介の市民ですから」とご辞退されたそうです。

若くして、日本のトップスターにのぼりつめ、トリオのリーダーのわがままから一人放り出されても、**独自の話芸で再びトップスターにのし上がった天才は、最後の「本当の人生」は市井《しせい》の一市民を通すというのを選んだような気がしてなりません。**

「本当の人生」がもともと自分の生き方である宮﨑駿

最後に、第一の人生が「本当の人生」だったと気づき、変節した天才の話で本書を終えたいと思います。

その名は宮﨑駿《みやざきはやお》というアニメ監督です。

言わずと知れた大ヒットアニメ監督で、『魔女の宅急便』『もののけ姫』など日本の興行史に残るヒットを飛ばし、『千と千尋の神隠し』は興行記録をさらに塗り替え、観客動員２３５０万人、興行収入３０８億円と、当時の日本における映画史上第１位の新記録をつくりました。平成14年（２００２）の第52回のベルリン国際映画祭では日本としては39年ぶり、アニメーションとしては史上初の金熊賞を受賞し、翌年には、これまた日本人としては初のアカデミー賞長編アニメ賞を受賞しました。

その後も、『崖の上のポニョ』『風立ちぬ』と立て続けにヒット作を発表するのですが、『風立ちぬ』の発表後、長編アニメ映画の製作から引退することを発表します。

その後も、戦国時代を舞台にした漫画を執筆しますが、完璧主義がたたったのか、

「時代考証を重ねるうちに手が止まってしまった」ということで無期限延期が発表されます。

その後は、三鷹《みたか》の森ジブリ美術館の企画展示「クルミわり人形とネズミの王さま展」の企画・制作・監修をてがけたり、ジブリ美術館用の新作短編アニメ『毛虫のボロ』の原作・脚本・監督を担当したりします。

さらに、2015年5月8日には、在日米軍再編における普天間《ふてんま》飛行場の名護《なご》市辺《へ》野古《のこ》移転計画に反対する辺野古基金の共同代表に就任します。そして、スタジオジブリでの記者会見では、基地移転だけでなく沖縄県に負担が集中している状態そのものを批判し、かつて鳩山由紀夫内閣が提案した県外移設の実現を強く求めたり、政治活動も行っています。

こういう訴える人になることが「本当の人生」なのかと思われたのですが、創作の虫が騒ぎ、やはりどうしても長編アニメが撮りたくなったそうです。

これは、スタジオジブリに関わる人から聞いた話なので、裏付けは取れていませんが、長年の盟友鈴木敏夫プロデューサーに「とても恥ずかしい話だが、どうしてももう一本撮らせてほしい」と深刻な顔つきで泣きついたそうです。

おそらく、鈴木氏にしてみれば願ってもないことだったのでしょう。すぐに映画の製作は開始されます。

これが、宮﨑監督にとって二度目のアカデミー賞受賞作になる『君たちはどう生きるか』です。トロント国際映画祭で日本映画史上初となるオープニング作品となり、ゴールデングローブ賞と英国アカデミー賞で日本映画史上初となるアニメ映画賞を連続して受賞するなど、宮﨑監督にとっては最高の評価を受けた映画と言っても過言ではありません。

しかしながら、一度引退宣言をした身の宮﨑監督は、これらの授賞式にも出席せず、記者会見も行わず、コメントを発表しただけでした。

私の知り合いの話では、「恥ずかしくて出られない」とさえ語っていたそうです。人に評価されたいとか、収益を上げたいとか、そういう動機でなく、本当に撮りたいから撮ったということなのでしょう。

いわゆる**第一の人生が、「本当の人生」だったとか、それが天職だったと知る例もある**ことを知っていただきたくて、この話を紹介させていただいたところで、本書を終えたいと思います。

あとがき

私も今年64歳になり、周囲の同期の人間が、定年を迎えるなどしてきています。

そういうこともあって、自分事として、第二の人生について考えることが多くなりました。

そういうことの一応の結論として、本書を上梓することになりました。

これからどんな風に変わるかはわかりませんが、現在の私の第二の人生についての結論が本書というわけです。

そして、本書の書名は、「第二の人生」という言葉を使わず、本当の自分に戻る「本当の人生」というネーミングにしました。「本当の人生」が堅苦しいものではなく、「人生いろいろ」ならぬ「本当の人生もいろいろ」と思っていただければ幸いです。

最後の章で、何人かの事例を紹介しましたが、それにはいくつものパターンがあります。

私自身も、37歳で常勤の医者をやめてから、フリーの医者となり、文筆業を本格的に始め、通信教育の経営者を務め、さらに47歳からは念願の映画監督も始め、順調とは言えませんが5本の映画を撮りました。実は、この春からこれまた念願だったラジオのパーソナリティも2局で始めました。

これが「本当の人生」なのか、やりたい映画監督の仕事を本当に職業にできるようになってからが「本当の人生」なのか、さらに、別の「本当の人生」が始まるのか、まだわからないというのが本音です。

というわけで、「本当の人生」ということについては、そんなに真剣に考えていただきたいわけではありません。

ただ、これまでのちょっと窮屈だったり、人目を気にする人生から、少し楽になってもらうことが私の願いです。

そして、体力や精神的なものや外的状況など、歳をとるといろいろと変わってくるわけですから、それに合わせて「本当の人生」がコロコロと変わっても何も問題はありません。

平均的に人生が長くなるだけでなく、テクノロジーの進歩はいろいろなことへのチャレンジを容易にしてくれています。

定年後の小説家デビューを例にとってみても、これまでは、一生懸命に書いて、それを出版社の編集者に気に入ってもらえないとデビューできないとか、なんらかの新人賞に応募して、賞を取らないとデビューできないようなハードルの高いものでした。

現在では、ブログ上で小説を書いて、それが一定以上の人に受ければ、デビューは可能です。しかも読んでくれている人の反応を見ながら、途中で書き直したり、ストーリーを変えていくことも可能です。

映画を撮るにしても、劇映画は大変ですが、ドキュメンタリーならいくら回してもデジタルなら大してお金もかかりませんし、パソコンで簡単に編集が可能です。いろいろな出会いにしても、SNSは強い味方になってくれることでしょう。

それでも、「これまで通りでいいや」と思われる方はいるでしょう。

しばらくはそれでよくても、ちょっとつまらないなと思った時点で何か試すだけで、「本当の人生」が始まるかもしれません。

そしてアドラーの言うように「人目の奴隷」から解放されるだけで、人生は大きく変わるはずです。

本書は人生の指南書ではありません。変わる気になるための「勇気づけ」（これもアドラーの言葉ですが）だと受け取っていただければ嬉しいです。

何を試すかはあなたの自由です。うまくいかなければ、別のことを試せばいいだけです。気楽に考えて、今までより、楽で気分のいい人生が始まれば、著者として幸甚この上ありません。

末筆になりますが、本書の編集の労を取っていただいた、ＰＨＰ研究所の山口毅さんにはこの場を借りて深謝いたします。

和田秀樹

PHP新書

PHP INTERFACE
https://www.php.co.jp/

和田秀樹［わだ・ひでき］

1960年、大阪府生まれ。東京大学医学部卒業。精神科医。東京大学医学部附属病院精神神経科助手、米国カール・メニンガー精神医学校国際フェローを経て、現在、和田秀樹こころと体のクリニック院長。高齢者専門の精神科医として、35年近くにわたり高齢者医療の現場に携わっている。
主な著書に、『80歳の壁』『ぼけの壁』（以上、幻冬舎新書）、『不老脳』（新潮新書）、『70歳が老化の分かれ道』（詩想社新書）、『老いの品格』『頭がいい人、悪い人の健康法』（以上、PHP新書）、『［新版］「がまん」するから老化する』（PHP文庫）などがある。

本当の人生
人生後半は思い通りに生きる
（PHP新書 1397）

二〇二四年六月二十八日　第一版第一刷

著者――和田秀樹
発行者――永田貴之
発行所――株式会社PHP研究所
東京本部――〒135-8137　江東区豊洲5-6-52
ビジネス・教養出版部　☎03-3520-9615（編集）
普及部　☎03-3520-9630（販売）
京都本部――〒601-8411　京都市南区西九条北ノ内町11
組版――有限会社エヴリ・シンク
装幀者――芦澤泰偉＋明石すみれ
印刷所
製本所――図書印刷株式会社

ISBN978-4-569-85731-2

ＰＨＰ新書刊行にあたって

「繁栄を通じて平和と幸福を」(PEACE and HAPPINESS through PROSPERITY)の願いのもと、ＰＨＰ研究所が創設されて今年で五十周年を迎えます。その歩みは、日本人が先の戦争を乗り越え、並々ならぬ努力を続けて、今日の繁栄を築き上げてきた軌跡に重なります。

しかし、平和で豊かな生活を手にした現在、多くの日本人は、自分が何のために生きているのか、どのように生きていきたいのかを、見失いつつあるように思われます。そして、その間にも、日本国内や世界のみならず地球規模での大きな変化が日々生起し、解決すべき問題となって私たちのもとに押し寄せてきます。

このような時代に人生の確かな価値を見出し、生きる喜びに満ちあふれた社会を実現するために、いま何が求められているのでしょうか。それは、先達が培ってきた知恵を紡ぎ直すこと、その上で自分たち一人一人がおかれた現実と進むべき未来について丹念に考えていくこと以外にはありません。

その営みは、単なる知識に終わらない深い思索へ、そしてよく生きるための哲学への旅でもあります。弊所が創設五十周年を迎えましたのを機に、ＰＨＰ新書を創刊し、この新たな旅を読者と共に歩んでいきたいと思っています。多くの読者の共感と支援を心よりお願いいたします。

一九九六年十月

ＰＨＰ研究所